나는
교문 앞 스토커
입니다

나는 교문 앞 스토커입니다

초판 1쇄 발행 2014년 4월 11일
초판 3쇄 발행 2018년 1월 5일

지은이 | 이범희

발행인 | 김병주
출판부문대표 | 최윤서
편집장 | 허병민, 편집 | 박현조
디자인 | 디자인붐
마케팅 | 장은화, 김수경
펴낸 곳 | (주)에듀니티(www.eduniety.net)
도서문의 | 070-4334-2196
일원화 구입처 | 031-407-6368 (주)태양서적
등록 | 2009년 1월 6일 제300-2011-51호
주소 | 서울특별시 서대문구 연희로 2길 62 (4층)

ISBN 979-11-951761-5-1 (13370)
값 14,000원

나는
교문 앞 스토커
입니다

행복한 학교, 행복한 교육을 꿈꾸는

이범희 지음

에듀니티

　　『훌륭한 교장은 무엇이 다를까』와 『훌륭한 교사는 무엇이 다른가』의 저자 토드 휘태커는 앞에 책을 먼저 썼습니다. 번역하면서 두 권의 책 내용이 80% 이상 똑같은 것에 놀랐지만 사실 놀랄 일이 아닙니다. 참여와 소통이라는 리더십의 본질은 변함없으니까요. 이범희 선생님과 함께 새로운 교사리더십 모임을 준비하면서 모임 이름을 일 년 넘게 고민했고 '참여'와 '소통'을 핵심 키워드로 '참여소통교육모임'을 만들게 되었습니다.

　　『훌륭한 교장은 무엇이 다를까』 원서에만 있는 두 개의 장이 '훌륭한 교사를 채용하라(Hire Great Teachers)'와 '교사를 교육하라(Teach the teachers)' 입니다. 흥덕고등학교에서 함께하는 선생님들을 보면서, 그들이 배우고 성장하는 과정을 보면서 틀린 말이 아니다 싶습니다. 결코 녹록치 않은 일들을 뚜벅뚜벅 해나가는 이범희 선생님 내면에 어떤 알콩달콩한 사연이 담겨있었을까요? 진솔한 그 속내를 함께 들여다볼 기회가 주어져서 가슴 설렙니다. 늘 자리를 지켜주어 고맙고 한편으로 미안합니다. "You are so GREAT!"

— 천호중학교 송형호 선생님

희망을 일구어가는 햇살 가득한 봄날 농부의 미소처럼 순수하고 소박한 소망으로 아이들을 바라보며 설레는 이범희 교장을 마주한다는 것은 친구이기 이전에 같은 시대 아이들을 만나며 살아왔던 저로서는 경건해지기까지 합니다. 아이들에게 희망을 품고 그들을 최고의 가치로 여기며 아이들과 아름다운 공존을 통해 가르침과 배움을 나누는 공동체를 세워가는 일이 이범희 교장에게는 삶의 절대적 진리인지도 모른다는 느낌이 들 때가 있습니다. 그런 진리를 지켜 간다는 것이 세속과 서약을 맺은 사람으로 살아가는 것 같다는 느낌마저 들기도 합니다.

그에게 무겁고 버거울 때가 왜 없겠습니까? 눈물을 흘릴 일이 왜 없겠습니까? 하지만 아이들의 희망과 행복을 위해 가슴 벅차오르며 가는 길, 모든 것 참고 견디고 받아들이며 자신에게 주어진 운명처럼 뚜벅뚜벅 걸어가는 그 길이 큰 길이 되어 우리 앞에 나타나 참으로 든든합니다. 나무도 서로에게 잎을 날려 거름이 되어 더불어 숲을 이루듯 교장선생님도 아이들, 선생님들, 학부모님들 손을 잡고 서로 성장의 거름이 되어 사람 숲길을 이루어가니 참으로 미덥습니다. 곁에서 보고 느껴왔던 아이들 속에서의 진솔한 삶 자체가 고스란히 담겨 있는 글 하나하나가 새로운 울림으로 다가와 잔잔한 감동을 일게 합니다. 아울러 이 책이 아이들과 선생님, 학부모들에게 훈훈하게 전해져서 새로운 교사 문화, 학교 문화를 만들어가는 데 따뜻한 촉진제가 되길 소망해봅니다.

– 다담심리상담소 김연일 소장

아이들에게 제일 나쁜 어른은 겉도 차갑고 속도 차가운 어른입니다. 다음으로 나쁜 어른은 뜨거운 어른이었다가 금방 차갑게 식는 어른입니다. 그나마 다행인 어른은 겉은 차갑지만 속은 따뜻한 어른입니다. 아이들에게 제일 좋은 어른은 겉도 따뜻하고 속도 따뜻한 어른입니다. 따뜻함을 이길 차가움은 없습니다.

홍덕고 이범희 교장은 따뜻한 교장 선생님입니다. 가장 따뜻하다고 하면 많은 분이 질투하실 것 같아 꽤 따뜻한 분이라고 하겠습니다. 따뜻한 교장 선생님의 온기가 학교를 지피고 있기에 홍덕고가 따뜻한 학교가 되었다고 생각합니다. 홍덕고 하면 떠오르는 제 인상은 따스한 햇살이 비치는 언덕에 아이들의 웃음 빛깔 같은 천연색의 걸개그림이 펄럭이면서 옹기종기 모여 앉은 아이들이 희망을 이야기하는 모습입니다. 쉽지만은 않은 과정이었을 텐데, 늘 따뜻한 웃음과 함께 아름다운 학교를 만들기 위해 자신을 태워 오신 이범희 교장 선생님께 존경을 표합니다. 이 책을 통해 전해지는 따뜻함이 독자들에게 새로운 희망을 전해주리라 생각합니다. 대한민국 학교들이 가야 할 길 중 한 갈래의 작은 길을 열어놓아 주신 것에 감사드리고 아이들의 희망이 따뜻해지도록 해주셔서 고맙습니다.

– 서남의대 명지병원 김현수 교수

이범희 교장은 그 자체로 '텍스트'입니다. 그가 일군 빛나는 성취야 말할 것도 없고, 그의 삶 자체가 선명한 메시지가 됩니다. 그는 교사로서의 '직업적 존엄'이 무엇인가를 되묻고, 한편으론 이를 어떻게 지켜갈 수 있는지를 확증해줍니다. 현란한 이론과 기법은 차고 넘치지만 존재의 앙상함이 도를 더해가는 교육 현실에서 이 얼마나 귀한 모델인지 모릅니다.

곁에서 지켜본바, 그는 한결같습니다. 인간적 부드러움에 변함이 없습니다. 학생과 학부모, 심지어 생각이 다른 사람들과도 소통하고자 꾸준히 노력합니다. 무엇보다도 그는 사사롭지 않습니다. 교장 폼을 낼만도 한데, 늘 소박합니다. 이 모든 것의 바탕은 바로 그의 인간적 성숙일 것입니다. 이런 점에서 이 책은 교육에 관한 질문은 물론 존재미학까지도 고민하게 합니다. 그의 이후가 기대되는 이유입니다.

― 이우중 · 고등학교 이수광 교장

가끔 교사가 꿈이라는 아이들을 만날 때면 반가움보다는 숨기고 있던 치부가 드러난 듯 가슴 덜컥 내려앉습니다. 적어도 '선생님 같은 선생님은 되지 않겠다'는 저항의 함성을 듣는 듯하기 때문입니다.

제가 그랬습니다. 고등학교 시절 어느 선생님이 사회현상에 대한 질문과 답변 과정에서 유신헌법의 정당성을 논리적으로 설명해주셨지만 어린 나이에도 교과서와 다를 수밖에 없던 현상을 수긍할 수 없었습니다. 그런데 10 · 26으로 정치상황이 바뀌자 선생님 역시 이전의 설명과는 전혀 다른 말씀을 하시며 "그것이 정치고 그에 따르는 것이 삶이다"고 말씀하셨지요. 교사로 살아온 내내, 아이들의 마음을 흔들고 그 영혼에 불을 지피는 교사는 되지 못할지언정 적어도 나를 반면교사로 삼아 교사가 되는 아이들이 없었으면 좋겠다는 바람으로 살아왔습니다.

좋은 교사의 꿈을 키우며 사범대학에 진학했습니다. 80년대의 시대적 상황을 외면하거나 이 땅의 청년에게 주어진 소명에 무책임하지 않으려 애쓰면서도 가장 절실했던 것은 좋은 교사가 되기 위한 준비였습니다. 야학교사로 활동하며 어떤 교사가 될 것인지, 한 아이 한 아이를 품는 무게가 얼마나 큰 것인지, 또 그 책무성을 어찌 감당해야 하는지를 묻고 답하는 과정이 곧 저의 대학생활이 아니었나 싶습니다.

초등학교 교장으로 퇴임하신 부모님 덕분에 어려서부터 '늘 아이들과 함께하는 교사'는 저에게 매우 자연스러운 모습이었습니다. 부모님은 어린아이들의 삶 옆에 오롯이 함께하시고 동료 교사와는 풍성한 웃음과 원칙으로 연대하셨습니다. 그런 모습은 저의 교육적 역량을 올바른 교사로서의 고민과 실천에 쏟게 한 계기가 되었으며 학생들과는 돌봄과 배려로, 동료 교사와는 소통과 대화를 통한 관계 맺음을 교육적 신념으로 삼고 살아올 수 있게 해주었습니다.

 꿈에도 그리던 교사가 되었습니다. 많은 교사가 꿈에라도 놓치고 싶지 않은 아이들 곁을 떠날 수밖에 없었던 1989년 일입니다. 마음 한켠 늘 묵직한 무게로 남아 있는 부채의식을 가지고 아이들을 만날 수밖에 없었던 이유입니다. 더 부지런히, 온 마음 다해 아이들 만나야지 다짐하고 실천하며 지내온 시간입니다. 둘러보면 황폐하기 그지없는 교육환경이었고 좋은 교사가 되기 위한 노력은 왜곡되고 폄하되기 일쑤였습니다. 혼자서는 버거우니 소모임을 만들어 동료 교사와 함께 공부하고 연대하는 시간이 필요했습니다. 그것이 빠르게 변하는 아이들과 지치지 않고 건강하게 만나기 위한 길이며 교육의 현장을 조금 더 따듯한 삶의 공간으로 만들어가는 길이라 확신하면서 말입니다. 학교를 옮길 때마다 만든 학교 내에서의 소모임이 학교 밖에서 모아지며 〈참여소통교육모임〉으로 만들어졌습니다.

 담임으로 학급운영을 잘하고 주어진 수업에 최선을 다하는 것이 좋은 교사의 모습이라고 생각했습니다. 매일 새벽에 일어나 학급신문을 만들고 부지런히 출근해 인쇄하여 교실에서 아이들을 맞이했습니다. 뒤뜰 야영과 집단상담을 진행하고 가정방문과 아버지 모임을 진행하기도 했고 학부모에게 틈틈이 편지와 메시지를 보내며 소통하려고 노력했습니다. 재미있는 수업을 위해 우스갯소리도 준비하고 교재준비도 부지런히 하였습니다. 하지만 개별 교사의 노력으로는 어쩌지 못하는 학교의 오래된 관행이나 학교문화, 학교장의 운영방침에 자주 좌절하곤 했습니다.

그것이 홍덕고등학교의 공모제 교장에 지원하게 된 배경입니다. 그렇게 저는 교직생활 내내 한 번도 꿈꾸지 않았던 교장이 되었습니다. 다행스럽게 열정적인 선생님들과 든든한 학부모, 성장에 목말랐던 아이들을 만나 본디 학교가 있어야 할 자리를 찾아가는 학교, 모두가 행복한 학교를 만들어가고 있습니다.

여기에 실린 글은 어떡하든 연대의 끈을 놓지 않기 위해 동료 선생님들과 소모임을 꾸리며 함께 썼던 '교단 일기'와 홍덕고등학교에서 철학과 비전을 공유하기 위해 선생님들께 보낸 '메시지' 그리고 아이들과 학부모에게 보냈던 글을 모은 것입니다. 당시에는 그것이 '사랑'이고 '열정'이라고 생각했지만 다시 읽어보니 많이 서툴고 욕심 같기도 합니다. 그렇기에 누군가에게 내보인다는 것이 정말 부끄럽습니다. 하지만 그것 또한 누군가에게는 위안거리요, 성찰과 회복의 계기가 될지도 모르겠다 싶으며, 제 허물 덮어줄 수 있는 사랑의 기회를 드리는 것이라고 낯두꺼운 용기 내어봅니다.

책 내자며 만날 때마다 채근과 격려로 이끌어주신 교사보다 더 교사

같은 에듀니티 식구들과 편집을 맡아 애써준 허병민 선생님, 큰 이름 내어주시며 추천사를 써주신 천호중학교 송형호 선생님, 다담심리상담소 김연일 소장, 서남의대 명지병원 김현수 교수, 이우중·고등학교 이수광 교장 선생님께 감사드립니다.

기도로 제 부족 채워주시는 아버지, 든든하게 마음 나눠주는 식구들에게 감사드립니다. 척박한 교육 현실을 뜻 세우고 마음 모으며 함께 이겨낼 수 있도록 교단일기 나누었던 소모임 선생님들, 소소한 일상을 나누며 수업친구와 교육친구 되어준 참여소통교육모임 선생님들, 교사의 길 삶으로 보여주고 계시는 흥덕고등학교 선생님들께 진심으로 감사드립니다. 무엇보다 경향 각지에서 우리 아이들의 건강한 성장과 아름다운 삶을 위해 스스로 곧추세우고 동료 교사와 어깨걸이 하며 어려움 이겨내고 계시는 선생님들과 그분들을 지지하고 격려하며 내 아이가 아니라 우리 아이로 바라보며 함께 길 만들어주시는 학부모님들께 깊은 존경과 감사의 인사 드립니다. 세상의 모든 아이들이 행복하면 좋겠습니다.

2014년 봄날에
'교문 앞 스토커' 이범희

2장

삶으로 가르치는 교사이고 싶습니다
— 흥덕고 교사들과의 나눔

3장
부모는 아이를 지탱하는 또 다른 바퀴입니다
— 학부모와의 나눔

4장

그래, 너희들이 희망이다

— 아이들과의 나눔

1장

더불어 함께,
어깨 걸고 갑시다

동료 교사와의 나눔

나는 교문 앞 스토커입니다

아이들과
처음 만나는 날

아이들과의 첫 만남을 시샘이라도 하듯 입학식을 하는 내내 아리산을 타고 내려오는 바람이 차가웠습니다. 간혹 눈발이 날리기도 했고요. 교장 선생님의 말씀은 오늘따라 왜 그리도 긴지 발을 동동 구르며 추위를 이기려는 아이들의 모습이 안쓰러웠습니다. 앞으로 살아갈 날들에 이 정도 추위야, 이 정도 어려움이야 이겨내리라 믿습니다.

모든 게 불확실하기는 아이들이나 저나 같은 마음이었을 것입니다. 어떤 선생님일까? 어떤 아이들일까? 교실에 들어서서 조금은 긴장한 듯 커다란 눈동자를 굴리며 해맑게 웃고 있는 아이들을 보니 안개가 햇살에 사라지는 것처럼 모든 것이 확실하고 분명해졌습니다. 아이들의 눈에는 저에게 어떻게 살아야 하는지에 대한 모든 가르침이 들어 있는 듯 보였습니다. 조금도 바래지지 않은 순수한 마음 그대로 유지하고 있는 아이들 덕분에 저의 불안은 사라졌습니다.

"만나서 반갑습니다."

쭈뼛쭈뼛 거리는 아이들. 다시 한 번 크게 인사합니다.

"만나서 반갑습니다."

몇몇 아이가 따라 합니다. 앞으로 먼저 보는 사람이 이렇게 인사하자고 약속했습니다. 시간표와 함께 코팅한 명함을 나누어 주었습니다. 아이들 사이를 비집고 다니며 다시 인사를 합니다.

"저는 이범희입니다. 만나서 반갑습니다."

아이들에게도 적당한 인사말을 나누자고 말했지요. 쑥스러운 듯 서툴게 인사를 나누는 아이들이 더 보기 좋았습니다. 점점 더 당당하고 자신 있는 모습으로 성장하길 바라봅니다. 또 그런 여건을 만들어가는 데 작은 힘이라도 되어야겠다고 다짐했습니다.

"일 년 동안 어떠한 체벌도 하지 않겠습니다. 아무리 좋은 수단이라고 해도 그것은 옳지 않습니다. 사람과 사람이 만나야지 회초리와 사람이 만나서야 하겠습니까?"

중학교 1학년한테는 좀 어려운 이야기인가? 하지만 일부 손뼉 치는 아이들이 있습니다. 가끔 혼나서 그런가? 하지만 아이들도 그게 옳다는 것을 알겠지요. 언어적 폭력도 하지 않겠다고 선언하고 다짐했습니다. 친구들 간에도 그러자고 했습니다. 그리고 '학급의 주인은 우리 모두이다. 그러니 작은 일이라도 나누고 스스로 하자'고 했습니다.

개학 첫날은 아무리 시나리오를 준비해가도 늘 빠듯합니다. 다행스럽게 6교시가 자치활동 시간이었습니다. 아이들과 '칭찬 빙고'를 했습니다. 우선 자기 자신을 칭찬해보자고 했습니다.

"칭찬 별거 아닙니다. 현재의 모습 그대로 칭찬하면 됩니다. 연습으로 선생님 먼저 칭찬해보세요."

한 아이가 대답합니다.

"긍정적으로 저희를 바라보며 다가서려는 모습을 칭찬합니다."

만난 지 얼마 되지도 않았는데 아이들이 이런 말을 합니다. 이 나이에도 아이들에게 그런 소리 들으니 괜히 기분이 좋아집니다. 칭찬은 그런 것인가 봅니다. 스스로 칭찬을 하고 나서 친구들 칭찬 빙고를 했습니다.

"노래를 잘 부릅니다."

"많이 웃습니다."

"친구들에게 친절합니다."

이렇게 일 년 내내 칭찬 가득한, 그래서 웃음소리 가득한 행복한 교실을 꿈꾸어 봅니다.

아이들이 돌아간 교실, 뒷정리를 하고 나서 아이들의 의자에 앉아 봅니다. 아이들이 있어서 행복할 수 있고 아이들과의 만남이 있기에 새로운 시작을 할 수 있다는 사실이 그렇게 고마울 수가 없습니다. 앞으로 아이들과 함께 가는 길에 어려움도 있고 힘들고 고통스러운 일도 있을 것임을 잘 알고 있습니다. 하지만 늘 마음 한가운데에 아이들을 두고 살아가겠습니다. 그것이 교사의 존재 이유니까요.

일관성과
지속성

학급운영은 시작도 중요하지만 끝까지 일관성을 지니는 것이 더 중요해 보입니다. 처음에 많은 의욕을 가지고 이것저것 시작해놓고 스스로 감당하지 못하여 얼마 못 가 학급운영을 포기했던 경험이 저에게도 있고 또 주변에서도 많이 봐왔습니다. 이는 결과적으로 아이들에게 신뢰를 주지 못하여 아이들과의 만남을 더욱 어렵게 만들지요. 따라서 힘들더라도 담임교사의 여러 조건을 살펴 연간계획을 세우고 일 년 동안 일관성 있게 학급운영을 하는 것이 중요합니다. 담임 경력이 많다는 것이 곧 좋은 담임을 의미하지는 않는 것 같습니다.

학급운영을 잘하고 못하고의 문제는 아이들과 무엇을, 어떻게 할 것인가에 대해 얼마나 함께 고민하고 함께 실천하려고 노력하는가에 달렸지 싶습니다. 정답은 없습니다. '무엇을, 왜 해야 하는가? 어떻게 하는 것인가?' 끊임없이 고민하고 고민한 내용을 정리하여 하나둘씩 실천

해나가면 어떨까요?

혼자만의 결심은 쉬이 지치기 쉽습니다. 일관성과 지속성을 위해 바로 옆의 동료 선생님과 소모임을 만들어 함께 만나고 나누기를 제안합니다. 둘이라도 좋고, 셋이라면 더욱 좋겠지요. 담당 학년이 같으면 좋겠지만 어렵다면 같은 학교 내에서, 그것도 어렵다면 지역에서라도 좋습니다. 그렇게 함께 나누고 채근하고 격려하고 칭찬하는 길을 통해 교사 스스로 곧추세우려는 노력을 지속적으로 하는 것이 필요하지 않을까 싶습니다.

딱지 치는
선생님

어제 학급에서 딱지치기 대회를 했습니다.

아이들이 노는 모습을 보노라면 저의 눈으로는 마뜩잖을 때가 있지요. 특히 중학교 1학년 아이들의 실내놀이라는 것이 동전으로 판치기를 하거나 카드놀이를 하거나, 그것도 아니면 복도에서 공을 차거나 말타기를 하는 정도입니다. 한 녀석이 뛰어가고 다른 한 녀석이 잡으러 쫓아가고, 그냥 엉겨 붙어 깔깔대며 웃는 것은 늘상 있는 일이지요.

저희 반 아이들이 얼마 전까지는 공기놀이에 심취하더니 이번에는 쉬는 시간마다 교실 바닥에 엎드려 딱지치기를 합니다. 그렇지 않아도 심기가 불편한데 제 기분을 더 상하게 했던 것은 새벽마다 일어나 만든 학급신문이 종례 때 보면 딱지로 접혀서 교실 이곳저곳에 널려 있다는 것입니다. 명색이 여기저기 모임이나 강연에서 '소통'을 이야기하고 다녔는데 무조건 하지 말라고 하기에는 너무 궁색했습니다.

"중학생이나 된 녀석들이 딱지치기나 하고, 좀 유치하지 않냐?"

제 말에 돌아오는 아이들의 대답이 간단합니다.

"재미있으면 그만이죠."

곱씹어 들어보면 아이들 말이 맞는 것 같습니다. 놀이가 재미있으면 되는 거지 뭐가 더 필요하겠습니까.

그렇다고 그대로 두기도 좀 그랬습니다. 날을 잡아 대회를 하는 것으로 딱지치기 문화를 끝내자 했습니다. 대회 끝나고 연습하는 사람은 어리석다고 반협박을 하면서 한편으로는 아이들의 눈을 가릴 상품도 준비했지요. 그래서인지 아이들도 선뜻 동의해 주었습니다.

희망하는 사람만 남으라고 했더니 열댓 명 정도가 남더군요. 아이들

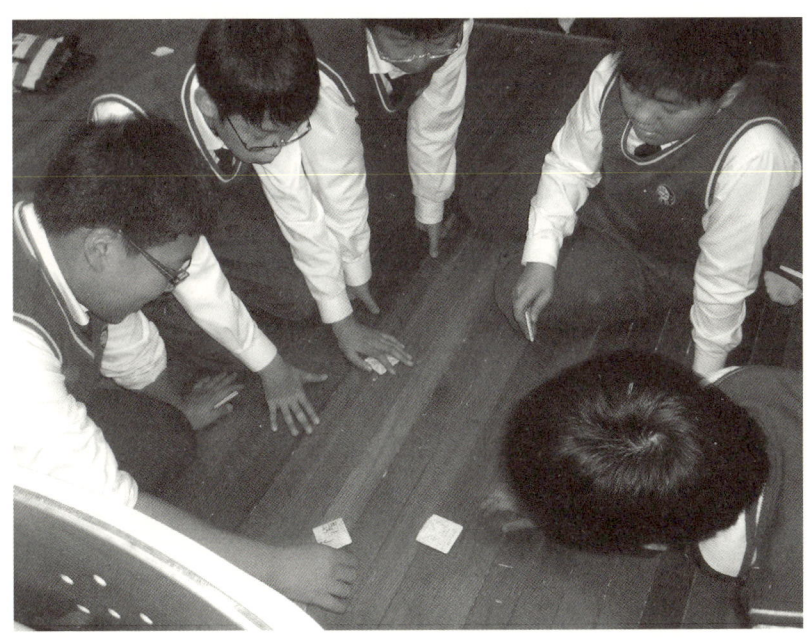

스스로 대진표를 만들고 규칙을 정했습니다. 경기는 토너먼트 방식으로 진행되었습니다. 그 사소한 놀이에 아이들은 무척 진지하게 참여하더군요. 많이 즐거워하는 모습에 저도 즐거웠습니다. 저도 아이들 것을 빌려 팔에 힘을 주어 몇 번 휘둘러봅니다. 시간상 예선은 단판 승부로 하고 결승은 2선승제로 진행했는데, 패자부활전을 하자고 다음에 또 하자고 난리입니다.

교사의 선입견으로 딱지치기가 저급한 놀이라고 생각했는데 과연 정당한 판단이었을까 생각해봅니다. 그런 저의 생각이 오히려 저급하지 않았나 싶습니다.

그렇게 쓰라고 해도 쓰지 않던 모둠일기를 어제는 딱지치기 대회 때문인지 여러 아이가 학급 홈페이지에 글을 올렸더군요. '교사가 좀 더 저급해지면 아이들과 저절로 소통되지 않을까?' 그런 생각이 드는 하루였습니다.

비온 뒤의
4월 어느 날

목련꽃 그늘에서 베르테르의 편지를 읽는다는 4월도 벌써 하순입니다. 그런 서정도 거의 느껴보지 못했는데 속절없이 시간이 참 빠르다 싶습니다. 어쩌면 지금껏 의도적으로 그런 감정에 빠지지 않으려고 노력하지 않았나 싶기도 하고요. 오히려 "껍데기는 가고 알맹이만 남으라"는 잔인한 이 땅의 4월을 가슴에서 놓지 않으려고 애쓰지 않았나 싶습니다. 비록 퇴색되고 희미해졌지만 4월의 정신이 내 혈관, 내 뼛속 어디엔가 유전자로 남아 생활 속에서 작은 열매 맺기를 소망해봅니다.

매주 금요일 5시에 기획회의가 있습니다. 딱히 회의라고 할 것도 없이 각 부서에서 이번 주에 한 업무와 다음 주에 예정된 일을 발표하는 자리입니다. 정작 많은 선생님의 의견을 들어야 할 때는 그러지 않으면서 각 부서에서 독자적으로 추진해도 될 만한 사항은 바쁜 시간에 모여서 시간을 허비하니 답답한 마음입니다.

물론 학교에서 일어나는 일이 워낙 다양하고 예민한 부분이 많아 교사가 머리를 맞대고 좋은 방안을 토의한다면 더 의미 있는 교육이 이루어질 수 있을 것입니다. 하지만 그저 전달 사항이나 충실하게 전달하는, 안 해도 좋을 만한 회의는 좀 생략했으면 합니다.

어제 회의에서 저는 몇 가지를 이야기했습니다. 아이들이 머리를 기를 수 있게 해달라는 어머니들의 건의가 있었다며 어느 정도 반영하면 좋겠다는 학생부장님의 이야기에 그 정도는 학생들이 건의해 왔을 때 진작 들어주었어야 했고 앞으로도 학생회와는 수시로 대화를 하며 좀 더 유연하게 아이들의 이야기에 귀를 열어둘 필요가 있다고 강하게 말씀드렸습니다.

다른 하나는 선생님들의 소풍 도시락 문제입니다. 아이들에게 선생님을 존경하고 감사하는 마음을 갖게 하기 위해 선생님 도시락을 준비하게 했다고 합니다. 물론 부모님이나 아이들 스스로가 선생님을 생각하는 마음으로 도시락을 준비해 온다면 얼마나 아름답겠습니까? 그러나 자기 도시락도 싸오지 않는데 선생님 도시락을 준비하면서 감사하는 마음과 존경하는 태도를 갖게 될까요? 그래서 서로가 마음 편하게 그냥 사 먹는 편이 훨씬 더 교육적이라 생각한다고 이야기했습니다.

또 하나는 스승의 날 행사에 관한 것입니다. 아이들이 정렬해 스승의 노래를 부르며 꽃을 달아주는 행사가 너무 형식적이어서 많이 부끄럽고 겸연쩍기도 하다 이야기했습니다. 학생회의에서 자율적으로 결정하게 했다지만 학생부 교사가 학생회에 스승의 날 행사에 대해 요구하는 것도 좀 부끄러운 일입니다. 그런 상태에서 나오는 결론은 이미 뻔하지요. 아이들이 딱히 고민이 없을 테니 말입니다. 그래서 얘기인데 비단 스승의 날 행사뿐만 아니라 지금까지의 관행을 학생회, 더 나아가 모든 아이들이 고민 없이 받아들이기보다는 다양한 생각을 모으고 구성원들이 따뜻한 마음을 나눌 수 있는, 그래서 관계가 회복될 수 있는 학교문화를 만들어가는 데 마음 모으면 어떨까 싶습니다. 진정한 교육공동체의 형성을 위해서 말입니다. 함께 고민해 보자고요.

비가 옵니다. 즐거운 주말 보내세요.

늦은 저녁의
반가운 전화 한 통

어제저녁 늦게 아주 반가운 전화를 받았습니다. 우여곡절 끝에 맡게 되었던 초창기 담임 반의 아이에게서 온 전화였습니다. 여러 교육청을 거치고 거쳐 어렵사리 저의 근무지를 알아낸 제자로부터 받은 10여 년 만의 전화는 너무도 반가웠습니다. 그런데 일주일 동안 친구들을 수소문하여 15명의 연락처를 확인하고는 조만간에 다 함께 저를 보러 오겠다는 것이었습니다. 교사로 살아가는 보람은 아마 이런 것이 아닐까 생각하며 밤잠을 설쳤습니다.

그 아이들과 함께 수학여행 갔을 때의 일화가 떠올라 한참을 혼자 웃었습니다. 수학여행 첫날 저녁, 학급 대항 장기자랑이 끝났는데도 시간이 너무 일렀습니다. 마침 반에 생일인 아이가 있었습니다. 그래서 학년부장에게 허락을 받고 한 시간만 같이 놀기로 했습니다.

케이크와 과자와 음료를 준비해 신이 나서 노는데 누군가 갑자기 문을 박차고 들어섰습니다. 교감 선생님이었습니다.

"한밤중에 사내아이, 계집아이들이 붙어 앉아 뭐 하는 것이야"고 소리를 지르시며 "빨리 남자아이들은 자기 방으로 돌아가"라는 것이었습니다.

주춤주춤 일어서는 아이들에게 저는 괜히 화가 나서 앉으라고 소리를 쳤지요. 교감 선생님과 저의 말에 아이들은 일어서고 앉기를 몇 차례 반복해야 했습니다. 다른 선생님들이 오셔서 말리며 작은 언쟁이 끝났습니다. 그런데 그게 끝이 아니었습니다. 늦은 시간 평가회를 겸한 술자리에서 교감 선생님께서 그러시더군요.

"젊은 놈이 아이들 앞에서 나를 망신 주었다"고 하시며 술병을 던지셨습니다. 결국 둘이서 멱살을 잡고 싸움을 하기에 이르렀습니다. 밖에서 큰 소리가 나니 5층에 있던 아이들이 내려다보았던 모양입니다. 술을 잘 마시지 못했던 저는 그렇게 추태를 부리다 잠자리에 들었습니다.

다음 날 아침 잠에서 깬 건 "○반 아이들은 빨리 식당으로 와서 식사를 하라"는 방송 때문이었습니다. 아이들 방으로 가보았더니 모두 시무룩한 모습으로 앉아 있더군요. 전날 밤 자기들의 생일잔치를 해주다 교감 선생님과 싸웠으니 이제 우리 선생님은 학교에서 잘리게 되었다며 풀이 죽어 있었습니다. 몇몇 여자아이는 저를 보자 서러워 울기까지 했습니다. 그래서 자기들끼리 어제 회의를 했는데 선생님을 지켜드리기 위해 아침을 굶기로 했다는 것입니다. 한편으로 웃음이 나기도 했지만, 내심 울컥한 것이 기분 나쁘지만은 않더군요. 못난 담임에게 힘을 실어주려는 순진한 마음이 얼마나 예뻤는지 모릅니다.

그로부터 한참 시간이 지난 후에도 자기들이 생각해도 우스운지 가끔 편지에 그 이야기를 쓰곤 합니다. 그날 아침 다른 친구들 몰래 아침을 먹으러 갔다가 여자아이들에게 온갖 구박을 받았던 아이도 말입니다.

빨리 반창회 날이 오면 좋겠습니다. 그 아이들의 얼굴이 많이 보고 싶습니다.

시험문제를
내며

다음 주부터 1학기 중간고사가 시작됩니다. 지난번까지는 5일 동안 시험을 치러 시간적인 여유가 꽤 있었는데 이번부터는 4일로 줄었습니다. 그것도 마지막 날에는 정상수업을 한다고 하니 아이들의 불평이 꽤 있었습니다. 사실 저도 아이들 성적에 적잖은 영향을 줄 것이라는 논쟁의 핵심보다는 수업하기 싫은 마음이 크니 놀고 싶은 것은 아이들이나 선생이나 같은 모양입니다.

요즘은 시험문제를 내느라 많은 시간을 보내고 있습니다. 사실은 출제라고 하기도 좀 그렇습니다. 문제를 쉽게 내서 아이들 성적을 높이는 것이 대학 입시에 유리하다는 의견이 들립니다. 그런 요구에 따라 아이들이 잘 볼 수 있는 이런저런 방법을 고민하다 보니 프린트 몇 장 나누어주고 거기에서 출제해 난이도를 대폭 낮출까 하는 생각도 해봅니다.

시험 출제를 하며 '시험'에 대해 다시 생각해봅니다. 아이들은 가끔 빨리 어른이 되고 싶다고, 선생이 되고 싶다고 그래서 숙제를 안 해도 되고 매 맞지 않아도 되고 시험을 보지 않고 싶다고 말합니다. 그 마음 충분히 이해가 됩니다. 그러나 곰곰이 생각해보면 그렇지만도 않습니다. 아이들이 보기에 어른이자 선생인 저도 하루에 몇 번씩이나 의지와 신념과 양심을 시험당하며 사니 말입니다.

아이들이 치르는 시험이야 틀리면 다음에 더 잘 보면 됩니다. 하지만 제가 치르는 시험은 실패하면 아이들에게 돌이킬 수 없는 상처를 줄 뿐만 아니라 저 자신에게도 상실감을 가져다줍니다. 그래서 제가 치르는 시험에서 좋은 성적을 받기 위해 아이들을 대할 때마다 늘 고민하고 신중하게 행동하려고 노력하지만 그리 쉽지 않습니다. 학교 문제나 선생님들의 관계에서도 자신 있게 나의 주장을 하지 못하고 있으니 말입니다.

옆 반 선생님과 아이들을 지켜보면서 느끼는 감회도 그렇습니다. 저라면 벌써 지쳐 포기했을 법도 한데 다시 일어서는 선생님을 보면서 누군가는 말합니다. 아이들을 너무 풀어주는 것이 아니냐고, 그래서 아이들이 선생님을 만만하게 보고 오히려 이용만 하는 것이 아니냐고. 또 다른 옆 반은 아이들 확실하게 잡아주니 얼마나 분위기 좋으냐고, 학교 다닐 의지가 없는 아이들은 빨리빨리 정리해서 다른 아이들에게 영향 끼치는 것을 최소화하자고 말합니다.

저야 아이들을 품고 가야 한다는 최 선생님의 담임관에 적극 지지를 보내면서도 오늘 또 가출한 그 반 아이들을 보면 야속하기만 합니다. 그렇게 아이들을 챙기며 다른 선생님들에게 핍박(?)당하는 담임을 위해서라도 자제할 만도 한데 말입니다.

그러나 그렇게 생각하는 것이 저의 한계인지도 모르겠습니다. 결국 원칙을 잃고 적당히 타협하려고 하는 것은 내 일상의 시험에서 좋은 성적을 거두지 못하게 되는 것이지요. 어디 아이들이 쉽게 감동하고 쉽게 변할 만큼 그리 녹록하던가요. 우리 만나는 동안에 변하지 않더라도 살아야 할 수많은 날 중에 선생님의 뜻을 삶 속에서 실천한다면 그것보다 더 큰 가르침이 있을까요? 그렇다면 조금만 더 기다립시다. 조금만 더 마음을 열어두고 아이들이 들어올 공간을 남겨 둡시다. 내게도 학교에도 아이들 삶의 공간을 기대해봅니다.

내 어릴 적 꿈

내 어릴 적 꿈은 선생님이 되는 것이었습니다. 그리고 선생님이 되었습니다. 아이들과 호흡하고 사랑을 나누며 여름밤 총총하게 떠있는 별을 보고 꿈을 이야기하는 그런 선생님이 되고 싶었습니다. 그런데 아이들에게 잔소리만 하는 그런 선생님이 되고 말았습니다. 되돌아보면 지난 한 학기, 아니 교사로 살아온 지금껏 어려서부터 품어온 좋은 선생님으로서의 꿈을 지키지 못하는 것 같습니다.

학교가 무너지고 더 이상 희망이 보이지 않는다고 합니다. 아이들에게 맞았다는 선생님도 있고, 학부모 앞에 무릎을 꿇었다는 선생님도 계십니다. 둘러보면 절망하게 하는 것들뿐입니다.

그러나 좋은 선생님이 되려고 다시 나를 곧추세우기 위해 연수에 참여합니다. 남들은 방학이라 좋겠다고 하지만 벌써 일주일째 가슴 설레는 마음으로 이른 아침에 집을 나섭니다. 단출한 연수지만 뜨거운 불볕

더위도 이겨낼 함께하는 선생님들의 열정이 있었기에 2학기를 맞이하는 또 다른 각오를 하게 됩니다.

나는 교사로서 어떤 유형인지 확인하고 그에 따라 어떻게 학급운영을 해야 하는지 조금은 알게 되었고, 감히 흉내 내기조차 어려워 보이는 다양한 실천을 하고 계시는 강사님도 아이들에게 상처받으며 수없이 깨진다는 것에 다소 위안을 얻기도 했습니다. 구수한 사투리로 아이들과 행복한 모습들을 풀어주셨던 선생님도 좋았고, 많이 웃고 신 났던 놀이시간도 좋았습니다. 빠르게 변하는 아이들을 탓하기만 했는데 결국은 나 자신의 문제였음을 깨닫게 되었지요.

그리고 오늘 빡빡한 일정을 마치며 이제야 딱딱한 의자에 앉아 하루를 보내는 것이 얼마나 어려운 일인지 알게 되었습니다. 꿈적거린다고, 자세가 바르지 못하다고 그동안 잔소리만 했던 아이들에게 미안해집니다. 정말 미안합니다. 한 줄의 참회록을 쓰며 새로운 다짐도 해봅니다.

"그동안 너희에게 제대로 한번 다가가 손잡고 품어준 적 없구나. 참으로 부끄럽고 미안하다. 사랑으로 바라보며 따뜻이 이해하고 넉넉히 품어주는 선생님이 될게. 애들아 사랑해. 지각했을 때 다짜고짜 규칙부터 들이대며 권위만 내세운 거, 소리치며 화낸 거 미안하다. 선생님이 부족하고 또 서툴렀구나. 보고 싶다.

수업을 진행해야 한다는 이유로 협박하는 말, 상처 주는 말, 매질, 감정 섞인 분노의 눈초리를 하면서 정말 어쩔 수 없었다고 합리화하며 참을 만큼 참았다고 했지만, 결국은 인내와 사랑이 부족했음을 용서해주길 바란다. 사랑해. 너희와 함께 숨 쉬는 교사가 되고 싶어. 항상 내 주위에 너희가 있어 스스로 당당한 선생님이 되고 싶어. 그래, 늘 내 옆에 있을 줄 거지? 사랑해."

이번 연수는 누구나 올 수 있지만, 그렇다고 아무나 올 수 있는 자리는 아니었습니다. 아이들에게 상처받고 학부모로 인해 다시 가슴 아파해야 하는, 둘러보면 온통 절망하게 하는 것들뿐이지만 이제 우리는 함께 고민하고 함께 풀어갈 든든한 동료를 얻었기에 절망하지 않습니다. 옆 선생님의 따뜻한 온기와 숨결이 느껴집니다. 나만의 행복이 아니라 옆 선생님 그리고 우리 아이들과 함께하는 행복을 꿈꾸기에 무거웠던 마음 훌훌 털어내고 다시 힘 있게 2학기를 시작합니다.

감사합니다. 고맙습니다. 사랑합니다.

작은 자료라도 함께 나누고 공유하는 교사 간의 소통, 진정성으로 만나는 학부모와의 소통, 아이들의 참여와 자치, 칭찬과 배려를 통하여 교실 속에서 아이들의 꿈이 오롯이 살아나는, 그래서 모두의 삶이 행복한 그런 학교에서 우리 모두 함께할 수 있기를 소망하며 스스로 다짐합니다. 나는 참된 교사, 행복한 교사, 건강한 교사라고.

수염과
구차한 변명

방학 이후 분주한 나날을 보내고 있습니다. 하루는 교사 전문 잡지를 출판하는 곳에서 연수를 진행하고 어제는 참통 워크숍을 준비하러 다녀왔습니다. 그러고 보면 무척 바쁘고 피곤하게 사는 것 같지만 순간순간이 모두 행복한 시간입니다.

특히 우리교육 연수에서 만난 선생님들의 열정적인 모습이 가슴에 남습니다. 많이 모이지는 못했지만 대부분 지방에서 오신 분들로 숙박연수가 아닌 관계로 찜질방에서 주무시며 오전에는 연수에 참가하고 오후에는 수도권 문화답사를 다니신다고 했습니다. 다른 선생님은 한 학기를 너무 힘들게 보내셨기에 여관을 잡고 일주일을 기거하며 연수를 들으신다고 하셨습니다. 참 대단하신 분들입니다. 그런 선생님들을 만나는 것만으로도 2학기를 지치지 않고 보낼 수 있는 에너지를 얻은 듯합니다.

오늘은 방학 중 근무하는 날이라 학교에 갔습니다. 방학식 날 그렇게 이야기했건만 어제부터 문자메시지가 오기 시작하더니 폭우 속의 출근길까지 계속 이어집니다.

'교복을 입고 가야 하나요?'

'몇 시까지 가야 하나요?'

'좀 늦으면 안 되나요?'

자식들, 좀 잘 챙겨서 들어두지. 학교에 도착하니 제법 기른 머리에 사복을 입고 벌써 많은 아이가 현관에 올망졸망 모여 있습니다. 열흘 정도밖에 지나지 않았건만 꽤나 반가운지 차에서 내리는 저를 보고는 우르르 달려들며 반갑게 인사를 합니다. 그러다 방학하고 나서 한 번도 깎지 않은 제 수염을 보고는 기겁을 하며 놀려댑니다. 왜 수염을 깎지 않았느냐, 너무 게을러진 거 아니냐고 하며 휴대전화 카메라를 들이밀고 연신 찍어댑니다.

주변에서도 왜 수염을 기르느냐고 묻는 경우가 종종 있습니다. 그런데 사실 기르는 것이 아니라 자르지 않고 놔두는 것인데, 평소 좀 자라보겠다고 비집고 나오는 것을 한 치의 짬도 주지 않고 잘라대는 것이 미안스러워 방학 때만이라도 좀 놔두고 싶은 건데, 아이들과 지내면서 자유롭고 싶은 그 욕구 한 번도 제대로 살펴주지 못하고 그 싹부터 자른 것이 미안해 방학 때만이라도 대신 속죄하는 마음으로 놔두고 있다고 핑계 아닌 핑계를 대고 있습니다.

방학 동안에 어떻게들 지내는지 문자메시지로 가끔 잔소리를 하지만 아이들이 민감해하는 머리 문제는 꺼내지 않습니다. 기르고 싶은 머리도 길러보고 사복도 마음껏 입어보고, 별것 아니니 그래 마음껏들 해봐라 하고 말입니다.

　방학하면 속 썩이던 아이들 생각 다 잊고 마음 편하게 지내야지 했는데 이렇게 아이들을 만나니 한결 마음이 밝아집니다. 학교를 벗어나 조금은 자유로워진 아이들을 보았으니 이제는 구차한 변명으로 수염을 기르지 않아도 될 것 같습니다. 내일은 깔끔한 모습으로 학교에 가도 마음이 편할 것 같습니다.

지난여름 여행에서 얻은
깨달음

지난여름 참통의 대전 연수를 마치고 다음날부터 전국의 선생
님들 가족과 함께 고구려 유적지와 백두산 답사를 다녀왔습니다.

중국의 동북아 공정으로 역사적 대립이 첨예한 고구려 유적과 분단의
아픔을 고스란히 느끼는 백두산이었기에 여행이 주는 낯섦에서 오는
즐거움이 다른 여행과는 조금 달랐습니다. 특히 두만강 변 비포장도로
의 양옆으로 피었던 이름 모를 들꽃과 압록강 너머로 먼발치에서 보았
던 민둥산의 북한 땅이 가슴에 많이 남습니다. '하늘에 있는 거룩한 못'
인 천지는 하늘의 선택을 받은 사람들만이 볼 수 있다고 하는데 천문봉
에 올랐음에도 짙은 안개와 비바람 탓에 볼 수 없었던 것이 아쉬움으로
남습니다.

아쉬움을 뒤로 하고 억센 빗속에 장백폭포를 지나 천지에 손을 담그
기 위해 길고 긴 계단을 올랐습니다. 제 앞으로 일곱 살 아이와 엄마가

걸어갑니다. 그런데 두 사람의 대화가 재미있습니다.

"우리 아들 힘내!"

"힘이 나야지 힘을 내지."

이미 체력이 한계에 도달한 듯한 아들이 볼멘소리를 합니다. 듣고 보면 아이의 말이 맞는 것 같습니다. 정말 힘든데, 그냥 주저앉아 편히 쉬고 싶은데 억지로 끌고 올라가면서 힘내라니. 천지에 올라가서도 엄마는 흥분된 목소리로 말합니다.

"야! 너무 감격스럽다. 아들아! 느낌이 어때?"

아마도 엄마는 아들도 분단된 조국의 현실을 가슴 아파하며 한편으로는 감동을 느끼길 바랐을 것입니다. 하지만 돌아오는 아들의 대답이 건조합니다.

"빨리 집에 가고 싶어."

애초 힘들어하는 아이에게 우리 역사와 민족의 아픔을 느끼며 감격스러워하는 대답을 기대한 것 자체가 무리가 아니었을까 생각해봅니다.

교실에서 만나는 우리 아이들을 떠올려봅니다. 혹 저도 교사의 눈높이로 아이들을 바라보며 교사의 수준과 가치로 너무 많은 것을 요구하며 기대하고 있는 것은 아닌지, 빠르게 변하는 요즘의 아이들을 있는 그대로 봐 주지 못하는 것은 아닌지 생각해봅니다. 여전히 아이들의 모난 행동을 그냥 지나치지 못하는 것을 보면 전 부단히 내공을 쌓아야 할 듯합니다.

선에서는 마음속에서 어둡고 음침한 생각이 꿈틀꿈틀 피어오르면, 그것을 '경계'라고 부른답니다. 그런 마음이 들 때는 '경계'하고 자신에게 외치고 그것을 조용히 외면하고 어두운 생각이 지나가 버리기를 기다려야 한다고 합니다. 병病 속에 복福이 있음을 믿듯이 지혜란 그런 아픔 속에서만 단련되는 것이라 믿습니다. 그런 믿음으로 아이들과 학부모, 동료 교사와 소통의 끈을 놓지 않고 학급과 수업에서 아이들을 만나는 것은 어떨까요? 지난여름 여행에서 얻었던 가장 큰 깨달음의 하나입니다.

일요일 아침의
분리수거

제가 사는 아파트에서는 일요일 아침에 분리수거를 합니다. 늦잠 자려는 아이들을 일찍 깨워 쓸 만한 것들과 그렇지 않은 것들로, 다시 태어나기 용이하게 분류하는 일을 함께했습니다. 한때는 나와 우리 식구들에게 요긴하게 쓰이던 것들인데 쉽게 내치자니 마음이 좀 그랬습니다. 사람도 그럴까? 필요에 따라 가까이하기도, 또 멀리하기도 하는 것일까? 유행에 따라 분위기에 따라 눈길 덜 받는다고 쉽게 내쳐도 되는 것일까? 사소한 일을 하면서 묵직한 생각을 했습니다.

2학기를 시작한 지 벌써 한 달이 되어가는군요. 다부진 각오로 시작했건만 '그동안 무엇을 했을까?' 생각해봅니다. 가슴 졸이며, 안타까움으로 늦은 시간까지 주변 동료와 학교문제에 관해 토론하며 의견을 나누었지만 눈에 보이는 것, 손에 쥐어지는 것은 없습니다. 무엇이 중요한지는 알겠지만 왠지 허망한 기분은 떨칠 수 없습니다. 덧보태 고백하건대 아직 여러 선생님과 한 약속도 지키지 못하고 있습니다. 제가 먼저 수업연구를 해야겠다고 큰소리쳤는데 벌써 9월도 중순을 훌쩍 넘기고 있습니다.

아이들을 잠에서 깨우고 삶과 삶이 만나는 알찬 수업을 위해 더 많은 시간을 투자하고 노력해야겠다 다짐하지만 여전히 우리가 헤쳐가야 할 교육계의 동향은 그리 여유롭지 않아 보입니다. 지금 강행된 성과급, 교과서 선택으로 이미 시작된 7차 교육과정, 자립형 사립고와 같은 정책들이 해일이 되어 다가오는데, 그런 정책들이 앞으로 우리 교육을 얼마나 황폐하게 만들지 뻔히 아는데도 아무것도 하지 못하는 제 모습이 더욱 작게 느껴집니다. 여전히 연대할 우리 동료의 모습은 잘 보이지 않습니다.

계란으로 바위 치기라지만 그래도 작은 목소리라도 내며 아이들과 교실에서 더 뜨겁게 만나겠습니다. 그러기 위해 저는 내일 겸손하지만 절대 비굴하지 않은, 함께 모이면 늘 아이들 이야기와 수업 이야기로 대안적 실천을 모색하는 우리 동료들을 만나는 것으로 큰 힘을 얻으려 합니다. 때로 사람을 통해 절망하기도 하지만, 희망을 주는 사람을 통해 다시 일어설 수 있는 뜨거운 연대를 확인할 수 있는 자리인 학급운영 모임 '닫힌 교실을 열며'에 즐거운 마음으로 나가려 합니다.

성적지상주의가 팽배해지고 시나브로 그런 학교문화에 동화되어 갈지라도, 그래도 우리에게는 놓을 수 없는 간절한 바람이 있습니다. 물을 건너지 못하는 아이들에게 징검다리가 되어주고, 길을 묻는 아이들에게 지팡이가 되어주고, 푸른 보리처럼 아이들이 쑥쑥 자라는 동안 가슴에 거름을 얹고 따뜻하게 썩어가는 봄 흙이 되고 싶습니다. 같은 뜻을 가진 선생님들과 함께 나누고 함께 협력하며 함께 걷고자 합니다.

행복한 교사가 되어, 행복한 아이들을 만나기 위해, 행복한 학교를 꿈꾸는 자리에 여러 선생님도 함께 만날 수 있기를 소망합니다. 그런 마음으로 함께한다면 우리 스스로 행복일 테고 우리 만나는 아이들 또한 행복이지 않을까 싶습니다. 함께, 함께!

아이들의 축제,
우리들의 축제

어제부터 학교 축제인 제46회 갈산제가 열리고 있습니다. 시골 초등학교의 운동회를 잠시 생각해 보았습니다. 여름 내내 땀 흘려 준비해서 청명한 가을 하늘에 휘날리는 만국기 아래 온 마을 사람이 함께했던 운동회 말입니다. 굳이 자녀가 학교에 다니지 않아도 도시락 싸고 국밥 한 그릇씩 먹던 운동회는 정말 말 그대로 대동제가 아니었을까 하는 생각이 들었습니다.

우리 학교의 축제도 생각해 보았습니다. 학교 공간을 오밀조밀 끼리끼리 나누고 하루 혹은 이틀 동안 그 공간의 주인이 되어 보거나 무대 위의 주인공이 되어 볼 수 있는 학교 축제. 동아리 활동을 하며 갈고닦은 재능을 뽐내는 기회이기도 하고, 틈틈이 모아 두었던 CA반 작품도 햇빛을 보는 날이지요. 말 그대로 학교 축제는 그동안의 빡빡한 일상에서 벗어나 평소와는 다른 모습으로, 혹은 다른 기대를 품어볼 수 있는 날이어야 되는 것 아닐까요?

그러나 우리 축제는 그저 일 년에 한 번씩 돌아오는 의례적인 행사일 뿐입니다. 학교 운영의 뒷순위로 늘 밀리다 한참 추운 11월 말이 되어서야 하는 시기부터가 문제라고 봅니다.

저는 지난번 교내 소모임에서도 말씀드렸지만 그나마 일 년 동안의 학교생활 중 거의 유일하다시피 한 학생들의 주체적 자기표현의 기회인 이번 축제에 정말 열심히 참여하고 싶었습니다. 그래서 축제 프로그램도 기획하고 몇몇 코너도 맡아서 아이들이 신명 나게 놀 수 있는 자리를 만들어주고 싶었습니다. 그런데 우리가 정말 아이들을 위해, 우리를 위해 축제를 준비하고 있는 것인가 생각해보니 조금은 회의적이었습니다. 내년에 더 좋은 축제를 위해서는 좀 더 생각을 달리해야겠다 싶었습니다.

축제는 아이들 문화의 표현입니다. 축제를 불과 며칠 앞두고 급작스레 준비하는 것은 준비하는 사람도 짜증이 나게 마련입니다. 결국 '누구는 열심히 준비하는데 누군 노느냐'는 식으로 교무실 분위기를 썰렁하게 만들 수도 있지요. 내용이 부실해지는 건 두말할 것도 없습니다.

정말 좋은 축제가 되기 위해서는 평소 아이들과 민주적으로 대화할 수 있는 통로가 열려 있어야 합니다. 그리고 아이들이 그들만의 학교문화를 형성할 수 있는 분위기를 만들어가도록 도움을 주고 여건도 갖추어주어야 합니다. 두발 문제를 비롯한 학교의 여러 문제로 아이들이 교사와 학교에 불신이 크다면 절대 좋은 축제의 장이 될 수 없을 것입니다. 오전 행사를 보니 아이들이 무척 좋아하더군요. 그런 모습을 보니 '마음이야 좀 상하더라도 아이들을 위해 좀 더 적극적으로 참여할걸' 하는 자책의 마음이 들었습니다.

그래요, 내년에는 봄부터 우리 모두 열심히 준비해서 정말 축제다운 축제를 준비해보도록 노력합시다. 아이들의 가능성과 자발성을 이끌어 내고, 학교 문화를 총화해내는 그릇으로 축제가 구상되도록 말이지요. 아이들만의 축제가 아닌 우리 모두의 축제를 위해서, 건강한 학교 문화를 위해서 그렇게 했으면 좋겠습니다.

추신) 오전에 아이들 좋아하는 모습을 보고 내 생각을 죽이고 좀 더 열심히 준비할걸 하는 아쉬움이 컸는데 끝날 때 교장 선생님의 화내시는 모습을 보니 다시 생각이 달라집니다. 늘 이런 식입니다. 저도 끝나고 아이들이 떠난 빈자리를 보면서 아이들에게 성숙된 의식을 촉구하는 글이라도 써야겠다고 생각했습니다. 하지만 툭하면 민주주의는 이런 것이 아니라고 말씀하시면서 마치 축제가 아이들에게 베풀어주는 커다란 시혜처럼 생각하시는 교장 선생님의 인식에 정말 곤혹스럽습니다. 어떻게 하는 것이 잘하는 것인지……

연수 가는 선생님께

아무리 힘들어도 함께하는 이가 있다면 큰 위안이 되고, 용기가 생기지 않을까요?

이번 방학에도 연수 가시는 선생님이 많이 계시는군요. 자기 연찬을 위해서 가시는 분도 있을 것이고 상황에 밀려 어쩔 수 없이 가시는 분도 있을 것입니다. 아무쪼록 고생되어도 우리 함께하기에 많이 배우고 깨우치셔서 그 배운 것들을 아이들을 위해 그리고 동료 교사를 위해 활용하는 계기가 되기를 바랍니다. 연수 가시는 선생님께 작은 선물과 함께 드리는 편지글 준비했습니다.

살며 사랑하며 배우며

"내가 할 수 있는 일은 시시포스의 신화에 나오는 이야기처럼 정상을 향해 바위를 끝없이 밀어 올리는 일이다. 다 올려놓았다 싶으면 또 아래로 굴러떨어지곤 하는 바위를 바라보면서도 절망하지 않고 다시 바위를 응시하며 터벅터벅 걸어 내려가 바위를 밀기 시작하는 일. 교육은 어쩌면 매일 그런 일을 되풀이하는 것인지도 모른다는 생각을 할 때가 있다. 주저앉고 싶고 포기하고 싶지만 거기서 다시 일어서서 허무와 절망과 실패로부터 매일 다시 시작하는 일, 그게 내가 매달려야 할 교육이라고 생각한다."

– 『도종환의 교육 이야기』, 도종환 지음, 사계절출판사

비 그치고,
무지개 잡기 위해 길을 나선다
손에 잡힐 듯 그만큼의 거리
힘차게 한 발짝
또 힘차게 한 발짝
땀 닦고, 눈물 흘리며

이제는 되었어라 하늘을 본다
아직도 손에 잡힐 듯 그만큼의 거리
걷는 길 끝없어라
다시 또 한 발짝

끝없이 걸어야 할 이 길에서 때로 좌절과 절망을 맛봅니다. 그래도 아이들은 우리에게 더 노력하라고, 거듭나고 새로워지기 위해 더 고민하라고 합니다. 그것은 어쩌면 남을 가르치는 자된 우리의 업보요, 운명

인지도 모릅니다. 무더운 날씨에 큰 바위를 정상까지 끌어올리는 또 다른 작업이 고되기야 하겠지만 그것은 실패를 똑바로 응시하며 허무를 이기는 길이요, 우리가 걸어야 할 당연한 고통의 길 아닐까요?

걷는 길 외로워라, 어깨걸이 하자.

열린 마음으로
하나가 되길

그동안 마음이 무거웠던 이유 중의 하나가 아이들의 두발에 관한 교사 간의 이견과(물론 이 문제는 교장 선생님의 결정이 절대적이었긴 합니다) 스승의 날 행사에 대한 갈등 때문이었습니다. 두발 건은 개인적으로는 아쉬움이 남습니다. 하지만 많은 선생님과 학부모님 그리고 우리 아이들의 생각과 태도에 따라 충분히 달라질 수 있으므로 기다리며 의견 공유를 위해 노력하겠습니다.

'스승의 날' 행사에 관한 이야기는 그 과정에 대해서 모르는 선생님들도 계실 것 같아 함께 논의해보는 것도 괜찮을 듯싶습니다.

4월 말쯤 학생부장님께 스승의 날 행사를 좀 더 의미 있게 치르기 위해서는 우리 선생님들이 적극적으로 지도하는 것이 필요하다는 이야기를 드렸습니다. 그래서 학생회 임원들과 행사에 대해 논의했습니다. 플래카드를 준비하고 편지쓰기 대회도 열어 우수 작품은 스승의 날에 낭

독하기로 했습니다. 반별로 담임선생님을 자랑할 수 있는 장기자랑을 준비하고 선생님에게 격려가 되는 이야기들을 커다란 색종이에 적어 행사장에 붙이기로 했습니다. 선생님들이 출근하실 때 꽃을 달아드리고 좋은 노래를 선곡하여 틀기로 했습니다. 그리고 이 모든 것은 시험이 끝나는 대로 준비하기로 했습니다.

그런데 며칠 후 학생부장님이 교장 선생님의 말씀을 전하셨습니다. 교장 선생님께서 모든 교사가 스승의 날에 개최되는 군 교직원 체육대회에 참가했으면 하신다면서 아이들의 행사가 진행되기 어렵다는 것이었습니다. 나중에 체육대회 장소가 우리 학교로 변경되었기 때문에 학생들의 행사는 더욱 어렵게 되었지요.

그런데 알고 보니 체육대회는 교장 선생님들이 주축인 교총의 행사였습니다. 게다가 모두 참석하라고 하니 회원이 아닌 저의 경우에는 조금 당황할 수밖에 없었습니다. 명분도 없고요. 많은 아쉬움이 남는 것은 교육청이 주최하고 두 교원단체가 함께 진행했다면 정말 의미 있는 행사가 되지 않았을까 하는 것입니다. 그랬다면 지역도 좁고 교사도 얼마 안 되지만 모든 교사가 적극적으로 참여할 수 있었을 것으로 생각합니다. 젊은 전교조 선생님들과 행사에 대해 논의하는 것 자체가 교장 선생님들의 권위에 손상을 입는 거라 여기셨다면 얼마든지 다른 방법을 찾을 수 있었을 것입니다.

거기까지는 그런대로 이해해줄 수 있습니다. 그런데 일부 학교에서는 교장 선생님이 여러 명목으로 선생님들을 거의 강제로 참여하게 했다고 합니다. 저희 학교에서도 행사에 참석하는 선생님 이외에는 5시까지 학교에 남아 있다가 어머니들이 차려주시는 저녁을 먹으라고 했습니다. 그래서 선생님들과 의논한 끝에 행사에 참여하지 않는 선생님들끼리 다른 행사를 하기로 했습니다. 그리고 마침내 오늘 교장 선생님의 결재를 얻었습니다. 지나고 나니 정말 아무것도 아니고 서로 상대의 입장을 조금만 이해했다면 모두가 즐거워하는 행사가 될 수 있었을 텐데 아쉬움이 큽니다.

우리가 교육부를 비판하는 이유가 무엇입니까? 가장 큰 이유 중의 하나가 현장에 있는 선생님들의 이야기에 귀 기울이지 않기 때문입니다. 그런데 학교 현장에서도 그런 일이 공공연하게 일어나고 있습니다. 정말 답답하고 가슴이 아픕니다. 아무튼 결재를 받고 12명의 선생님이 나름의 일정을 갖기로 했으니 아무쪼록 의미 있는 시간 함께 만들어갔으면 합니다.

어찌 되었든 홀가분합니다. 어느 선생님의 말씀처럼 교총이 하는 행사를 전교조 선생님들이 적극적으로 도와주고 전교조에서 하는 행사를 교장 선생님을 비롯한 교총 선생님들이 적극적으로 도와주는 그런 날이 하루빨리 오기를 간절히 기원해봅니다.

특정 교원단체의 행사를 모든 선생님이 참여해야 하는 행사로 교장 선생님이 참여를 독려하는 것이 현실입니다. 그러고서는 행사에 참여하지 않는다고 비아냥거리며 교단을 분열시킨다고 왜곡합니다. 무조건 따르는 것이 교단화합인지요? 정녕 교단을 분열시키는 사람들이 누구인지요? 교육을 교육의 문제로만 보는 것이 필요하다 싶습니다. 우리 모두가 열린 마음을 가질 수 있도록 적극적인 분위기를 조성해주시길 부탁드려봅니다.

집회를
다녀 와서

그저께 교감 선생님이 잠깐 보자고 해서 상담실에서 이야기를 나누었습니다. 어제 있었던 성과급 관련 집회에 대한 이야기였습니다. 교장 선생님이 올해 이미 두 번이나 경고를 받은 상태에서 이번에 제가 집회에 참석하게 되면 또 징계를 받는데 그러면 경고 세 번으로 견책이 되니 퇴임하시는 분을 그렇게 보낼 수는 없지 않으냐 하는 것이 요지였습니다.

저도 여러 사람과 함께 살아가는 사람이고 저의 행동으로 다른 사람이 불이익을 받는다면 감당하기 어려운 인간적 고뇌를 할 수밖에 없습니다. 이는 다른 사람들도 살아가면서 겪는 고민이라고 생각합니다. 그러나 그런 갈등에도 불구하고 본질적인 부분에 이르게 되면 문제 해결을 위해 이해를 구할 수밖에 없습니다. 다행히 오후 시간이 자유로운 시험 기간이어서 조금 편하게 조퇴를 할 수 있으니 이번에는 부담 없이 다녀오려 한다고 말씀드렸습니다.

이 부분은 사실 제가 비판받아야 할 부분입니다. 그렇게 하면 조퇴 투쟁의 원취지를 충분히 살릴 수 없기 때문입니다. 그런데 갑자기 직원회의가 소집되었고 같이 집회에 참석하기로 했던 선생님들은 고민 끝에 참석을 포기하셨습니다. 저는 그 고민을 충분히 이해합니다. '교사가 노동자인가' 하는 논란의 여지가 여전히 있고 저도 교사노동자로서의 삶의 정체성을 일상에서 보이며 살고 있다고 자신할 수 없기 때문입니다.

다른 선생님들이 불편한 마음으로 집회에 참석하는 것도 그렇고, 더구나 관리자들과 갈등을 일으키면서까지 참석한다는 것이 무리라고 생각했습니다. 물론 여러 선생님이 함께했다면 정책 추진을 재고하는 데 영향을 줄 수 있었을 것입니다. 하지만 다녀오시고 나서 감당하기 어려운 마음 고생하실 것을 생각하면 차라리 잘 되었다고 생각했습니다.

교무부장도 그렇고 교감 선생님도 결재할 수 없다고 했습니다. 굳이 조퇴를 허락해 달라고 매달리지 않았습니다. 교장 선생님은 뭐하러 나에게 왔느냐 하시며 짜증 섞인 말투로 가려면 가고 알아서 하라고 말씀하시더군요. 오히려 홀가분했습니다.

다른 학교에서도 방해가 심해서인지 전날 확인한 참석 예정자보다 적은 스물두 분의 선생님이 참석하셨습니다. 어떤 선생님은 가시는 도중에 전입생이 있으니 빨리 학교로 들어와서 서류를 처리하라는 전화를 받기도 했습니다. 집회에 갈 때마다 함께 참석한 많은 선생님을 보면 학교에서 가졌던 외로움을 씻어버리고 큰 힘을 얻게 됩니다.

비도 오고 학교의 방해도 워낙 심했기 때문에 많은 선생님이 오시기는 어렵겠다 싶었습니다. 그런데 생각과는 달리 약 1,500명이 집회에 함께했습니다. 굵은 빗줄기가 퍼부어도 일체의 흔들림 없이 노래 부르고 구호 외치며 결의를 다지는 시간을 가졌습니다. 성과급 반납 액수가 5억 원이 넘었다는 사무국장의 발표에 우리 모두 환호를 지르기도 했지요.

사실 그 시간에 교무실에서 그런(?) 일이 있으리라고 전혀 예상하지 못했습니다. 다만 관리자들의 요청을 끝내 뿌리치고 집회에 참석한 저를 매도하는 일 정도는 있지 않을까 생각했습니다. 하지만 병아리에게 빨간 안경을 씌워 평생을 살게 하면 모든 것이 빨갛게 보인다고 교감 선생님께서 말씀하셨다는군요. 그 정도의 매도는 지금까지의 우리 학교 분위기로 보아서 충분히 예견할 수 있던 것이 아닌가 생각합니다. 불편한 이야기를 듣느라 선생님들 고생이 많으셨습니다. 그런 수모를 당하면서 말 그대로 똥바가지를 뒤집어쓴 듯한 그런 기분을 느끼셨을 선생님들의 기분 충분히 이해가 됩니다. 더구나 그런 분위기에서 벌떡 일어나 그렇지 않다는 것을, 문제를 보는 다른 시각도 있음을 이야기하지 못한 자괴감도 크셨을 거로 생각합니다.

그러나 그것이 어디 쉬운 일입니까? 그리고 어디 혼자서 해결할 수 있는 일입니까? 어제와 같은 일을 겪으면서 조금씩 조금씩 주체의식이 커지고, 힘들지만 함께 어깨 걸고 나가야 할 필요성을 다질 수 있다면 그것으로 족하지요.

최 선생님과 김 선생님이 전화를 하셨습니다. 잘 다녀왔느냐고 묻는 안부 전화라면서요. 하지만 저는 압니다. 인간으로서, 교사로서 느끼셨을 고뇌 때문이셨겠지요. 감사합니다.

어떻게 대응해야 할지를 함께 고민하면 좋겠습니다. 늘 일방적으로, 그렇게 매도당하면서 살아갈 수는 없으니까요.

선생님들 시간은 어떤지 답글이나 메시지 주시기 바랍니다. 글을 읽지 못할 다른 선생님들께도 전해주시고요. 외로우면 지는 거고 함께하면 이기는 거지요. 함께하자고요!

공동 실천을
제안합니다

교실을 깨끗하게 하려고 신경을 많이 쓰고 있습니다. 아침에 교실에 들어가면 직접 빗자루를 들고 쓸거나 아이들에게 빗자루를 들게 하여 구석구석을 털어내곤 하지요. 아이들도 무기력하게 축 늘어져 있고 칙칙한데, 거기다 교실마저 지저분하면 아이들이나 선생님들 모두 교실에 들어오고 싶은 마음이 생기지 않을 것 같아 늘 신경을 씁니다. 화분과 꽃을 준비하기도 하고, 방향제를 갖다 놓기도 하며, 시골에서 꺾어온 감나무 줄기를 걸어 놓기도 합니다. 하지만 실천하기가 그리 쉽지는 않더군요.

실내화를 준비하지 않은 녀석들이 있고, 담배를 너무 피워서인지 침을 뱉는 녀석들도 꽤 있습니다. 여자아이들도 예외는 아닙니다. 그건 그렇다 해도 열여덟 살이나 된 놈들이 웬 쓰레기는 그리 많이도 버리는지. 먹고 남은 과자 부스러기와 껍질, 캔 등을 아무 곳에나 버리지요.

종례가 끝나면 특별한 일이 없는 한 교실에 남아 아이들과 함께 청소를 합니다. 같이 빗자루를 들기도 하고, 책상을 줄 맞춰 정리하기도 합니다. 그렇게 청소가 끝나면 아이들의 의자에 앉아 보기도 하고, 열린 창문으로 몸을 내밀고 학교를 벗어나는 아이들을 바라보기도 합니다.

요즘 교무실 분위기가 많이 어수선합니다. 딱히 그럴 이유도 없지만 아이들 보기가 왠지 떨떠름합니다. 어제는 그동안 우리와 가장 먼 곳에서 서로 각을 세우던 한 선생님이 전교조에 가입하겠다고 가입서를 달라고 했습니다. 무슨 속셈인지 찜찜합니다. 그 마음속 헤아리기 어렵지 않습니다.

이즘에 함께 참교육 실천 운동을 제안합니다. 일주일에 한 덕목 씩, 아이들과 더불어 교실에서 우리의 교육희망을 만들어가기 위해 좀 더 적극적이고 조직적인 참교육 실천 운동을 해나갔으면 합니다. 구체적인 방향과 방법은 추후 다시 논의하겠습니다.

우선 다음 주에는 어색할 수도 있겠지만 아이들과 함께 빗자루를 들고 구석구석에 낀 먼지를 털어내고 모두가 돌아간 교실에서 잠깐이라도 아이들 의자에 앉아 칠판을 바라보는 시간을 가져보는 것이 어떨까요? 선생님들의 좋은 생각을 함께 나누고 싶습니다.

희망, 좌절
그리고 다시 희망

애타게 기다렸던 비이건만 어제 온종일 내리는 비를 보며 축축 처지는 제 모습을 보았습니다. 6월 중순이면 새로운 아이들을 만나 그럴듯한 학급운영 계획을 세우고 열의를 가지고 부대끼며 생활하던 것에 슬슬 권태를 느낄만한 시기이기도 합니다. 그런데 요즘은 그 일상에 대한 회의가 부쩍 심해졌습니다.

몇몇 선생님께 나누어드린 것처럼 학급카페를 만들고 교단일기와 생활이야기를 써왔습니다. 그런데 갈수록 카페를 방문하는 횟수가 뜸해지고 아이들과 개인적인 시간을 갖는 것도 뜸해집니다. 나의 거창한 의욕에 비해 아이들이 잘 따라주지 않는다고 툴툴거리며 머리에 무스를 바르는 것도, 수업시간에 엎드려 자는 것도, 아침에 지각하는 것도 애써 외면하며 좋은 선생님으로 철저히 위장했지요.

야영을 다녀와서 정말 오랜만에 카페에 들어가 보았습니다. 눈물이 나는 것을 억지로 참았습니다. 평소 8시 전에는 학교에 와 본 적이 거의 없는 선호가 지각하지 않는 방법이 없느냐고 공개질문을 하면서 다른 반 모두 하는 무결석 학급을 우리도 한번 해보자고 서너 번의 글을 올렸더군요. 평소 맨 뒤에 앉아서 잠을 자거나 쉬는 시간이 되면 여자 친구와 복도에서 애정 표현하는 것으로 소일하던 정기도 저의 건강을 많이 걱정하며 우리 학급의 단합을 호소했고요. 몇몇 여자아이도 남자아이들의 애절한 호소에 감동했는지 평소에는 제가 알아보기 어렵게 풀어쓴 글자체로 장난을 치더니 모처럼 제대로 된 글자체로 글을 올렸습니다. 아이들의 전혀 새로운 모습 때문에 끝까지 글을 읽는 데 시간이 걸릴 수밖에 없었습니다.

그래서 아이들은 희망입니다.

박 선생님을 비롯한 몇몇 선생님이 우리 반 아이들에게 받은 마음의 상처를 어떻게 위로해 드릴 수 있을까 생각하면 가슴이 답답해집니다. "수업시간의 문제니까 아이들을 장악하지 못한 것은 담당 과목 교사의 탓입니다"라는 박 선생님의 말씀을 듣는 것은 고문 같았습니다. 설령 그런 부분이 있다고 인정하더라도 대부분의 책임은 전체적인 학급 분위기를 그렇게 만든 저에게 있을 수밖에 없습니다.

그렇지 않아도 일부 아이의 버릇없는 행동 때문에 마음이 많이 상했었는데, 작정하고 들어가서 크게 혼냈습니다. 더러 말귀를 알아듣고 진지한 표정을 하는 아이도 있었습니다. 하지만 어제 먹은 술이 덜 깨서 화장실을 들락거리는 여자아이를 보니 혼낼 의욕마저 사라집니다. 저의 교육방법에 대한 진지한 성찰이 필요하다 생각하고 있습니다.

그래서 아이들은 상처입니다.

박 선생님을 진노하게 한 주범인 학영이와 많은 이야기를 했습니다. 선생님께 많이 맞았다면서 눈물을 글썽이더군요. 무엇을 잘못했는지 알고나 있는 것인지. 이야기 끝에 그냥 맞고 끝나는 것이냐고 물었습니다. 선생님께 사죄하는 적절한 방법을 고민해 보겠다고 하더군요. 그 말에 제 마음도 많이 풀어졌습니다. 덩치만 컸지 생각하고 행동하는 것은 역시 너무 어려 보입니다.

그래서 아이들은 아직 살아있는 희망입니다.

연극반 아이들과
겨울연수를 다녀왔어요

1박 2일의 짧은 시간이지만 아이들과 모처럼 즐거운 시간을 보냈습니다. 제가 지금껏 한 교육활동 중에서 아이들과 가장 가까이, 또 오랫동안 곁에서 보낸 의미 있는 시간이었습니다. 프로그램 내내 조금도 지치는 기색 없이 쉬지 않고 장난을 치면서도 그 속에서 진지해지려고 애쓰던 아이들의 표정이 눈에 선합니다. 지환이, 민석이, 영록이, 형로, 학영이…. 아이들과 더없이 가까워진 느낌입니다.

제가 느낀 보람이나 아이들이 가진 색다른 경험이 지속 가능할 수 있도록 많이 고민해야겠습니다. 많은 활동 중에서 연극이야말로 우리 아이들이 서로 배려하고 존중하며 모두가 주체가 될 수 있는 활동인 것 같습니다. 연극은 무대에 서는 배우이건 음향과 조명 같은 스태프들이건 모두가 함께하지 않으면 안 되는 종합예술이니까요. 무대에 오르는 짧은 시간을 위해 아주 오랜 시간 정성을 들여야 하기도 하고요. 그래서 저는 연극이 다소 어렵게 학교생활을 하고 있는 우리 아이들에게 딱이다 싶었습니다.

내년 5월에 있을 연극제를 위해 이번 겨울방학부터 차분히 준비해 봐야겠다 다짐하고 아이들에게 워크숍을 제안했습니다. 아이들과 함께 연극반 연간 계획을 세우고, 공연 계획과 그 준비들을 꼼꼼히 챙겨야겠다는 생각을 했습니다. 연극 연습이 대학입시 준비에 많은 부담이 되었던지 보통과 지은이가 그만두겠다고 했습니다. 앞으로는 실과반으로만 운영해볼 참입니다. 대학입시에 부담이 덜하니 제대로 정착된다면 아이들의 삶이 윤택해지는 것은 물론 생활지도도 자연스럽게 되지 않을까 싶습니다. 그러면 더 큰 보람을 얻을 수 있겠지요?

연극반은 그동안 학교의 재정적 도움을 전혀 받지 못했습니다. 그래서 지금까지 저 혼자 부담을 해왔습니다. 그러나 필요한 금액이 늘어나니 근본적인 해결책을 세워야 할 것 같습니다. 우선 학교에 공식적으로 동아리활동비를 요구해야 하겠습니다. 아이들도 조금씩 갹출하고 그래도 부족한 부분을 제가 감당해야 할 것 같습니다. 활동하는 것도 부담스러운데 경제적 부담까지 고스란히 떠안으면 오래가기 어려울 테지요.

수업을 포함하여 아이들과 풍성하게 만나기 위해서 어떤 분야든 선생님들도 각자 자신 있는 또는 하고 싶은 분야에서 아이들과 신명 나게 만나면 좋겠습니다. 그만큼 우리 학교 교육의 힘도 튼튼해지리라 믿습니다.

짧은 시간이지만 아이들과 보낸 소감을 한마디로 요약하면, "수업시간에, 조·종례 시간에 만나던 아이들의 모습이 아니던걸요."

뵙고 싶은
선생님!

봄의 기운을 채 느끼기도 전에 벌써 여름이 다가오는 듯합니다. 창문 너머로 보이는 관악산의 모습이 너무도 아름답습니다. 휴게실 창문을 통해 봄의 정경에 빠지는 것은 부쩍 심해진 생활의 권태와 교직에 대한 회의를 잠시나마 떨칠 수 있는 유일한 즐거움이 되고 있지요.

왠지 요즘은 학교생활을 감당하기가 더 버겁습니다. 며칠 전의 일만 해도 그렇습니다. 청소 지도를 하지 않는다고 교무실에서 큰 소리가 났지요. 시간에 쫓기며 공문서를 바삐 작성하시던 선생님, 옆 반 아이와 다투다 상처를 낸 반 아이를 불러 상담하시던 선생님, 아침 보충수업을 시작으로 내리 여섯 시간 수업을 끝내고 지친 몸으로 따뜻한 물 한 모금 마시던 선생님들이 슬금슬금 교무실 문을 나섰습니다. 오래전 제자의 편지를 기쁜 마음으로 읽고 있던 저도 그만 슬쩍 일어나 교실로 내려갔지요.

담임이 없는 청소 시간의 교실은 아이들에게는 천국이었습니다. 슬리퍼를 던지고, 도망가고, 쫓아가고. 그래서 슬그머니 교실 뒤로 가서 모처럼 빗자루를 집어 들고 비질을 시작했지요. 그해 가을 선생님께서 늘 제게 보여주셨던 그 모습대로 말입니다.

구석구석 쓰레기가 참 많더군요. 웬 먼지는 그리 많은지, 아이들이 먹던 생라면 부스러기에, 점심시간에 흘린 반찬에, 수업 시간 선생님들 눈치 보며 몰래 오갔을 쪽지까지 다종다양의 허접쓰레기들을 쓰레받기로 모아 휴지통에 담았습니다.

그렇게 알뜰히 치워 보건만 "묵은 먼지를 아이들과 함께 쓸어버리다 보면 마음이 가볍고 밝아져 햇솜 같아진다. 그래서 교실을 청소하는 것이 아니라 마음을 청소하는 것"이라 하시던 선생님과 같은 마음은 좀체 들지 않더군요. 대신에 나의 비질에 여기 쓸어라, 저기 쓸어라 하며 장난치는 아이들이 얄밉게만 느껴지니 저는 선생님과 같은 선생이 되기에는 아직 멀었나 봅니다.

어둡고 우울하고 부끄러운 학교생활이기에 더욱 뵙고 싶은 선생님!

한쪽에서는 보면 진보요, 다른 쪽에서 보면 보수로 그저 시대에 영합하며 살아가던 제가 선생님을 만난 것은 큰 행운이었지요. 선생님은 아주 신바람 나게 교육이, 교육계가 바뀌어야 하는 당위성을 힘 있게 이야기하셨습니다. 교단의 민주화가 이루어져서 획일적인 교육이 아니라 개성 있는 교육을, 암기 위주의 교육이 아니라 창의력을 키워주는 교육을, 민족 교육과 통일 교육을 신명 나게 가르치고 즐겁게 배우는 학교가 되어야 한다고 말씀하셨습니다.

신출내기 교사였던 저는 새로운 수업 방법과 학급운영에 대한 실천자료를 수집하고 그것을 통해 아이들과 만나는 일이 얼마나 신이 났는지 모릅니다. 아이들도 신이 났고 교실이 달라지는 듯했지요. 교육이 바로 서는 것 같았습니다. 그렇게 신 나는 일들을 왜 그렇게 주눅이 들어 가슴 졸이며 했던지요. 늘 교육의 본질적인 문제보다는 지엽적이고 부차적인 문제로 좌절하고 실의에 빠지곤 했지요. 상황이 바뀌면 의미도 바뀌는 덧없는 것인지요.

올해도 교육개혁을 하라고 난리입니다. 학교에서도 그렇고 정부에서도 교육개혁 박람회까지 개최해 가면서 말입니다. 하루가 멀다고 다그치는 공문서가 부서마다 쌓여 갑니다. 교육개혁에도 경쟁체제를 도입해 평가를 해서 지원금을 차등 지급하겠다고 합니다. 불행인지 다행인지 저희 학교가 평가 대상학교로 선정되었습니다. 며칠 밤을 늦게까지 남아 선생님들이 자료를 준비했지요. 그것은 아마도 좋은 평가를 받아 특별 지원금이라도 받는다면 급식시설을 설치해 신주머니와 도시락을 같이 들고 다니는 부조화를 끝내는 것까진 바라지 않아도, 더운 날 눈치 보며 교무실에 들어와 정수기에서 물 떠가는 아이들을 혼내지 않아도 된다는, 아니면 사물함 정도는 설치할 수 있지 않을까 하는 아이들을 사랑하는 따뜻한 마음 때문이었을 것입니다.

그러나 여름방학이 끝날 무렵 평가 실사단을 맞을 준비를 하면서 당시 학교 현실에 투영된 나의 모습을 발견하고는 참담한 마음을 금할 수 없었습니다. 한쪽에서는 '학교 이렇게 달라진다' 홍보관 제작이 한창이고, 또 한쪽에서는 평소에도 한 시간 앉아 있는 것을 고문 같이 느끼는 아이들을 불러내 보충수업을 합니다. 아이들의 실력 향상을 위해서인지 보충수업비 정산을 위해서인지 결석한 아이들에게 일일이 전화를 하는 동료 교사를 보면서 과연 무엇이 바뀌었고, 무엇이 교육개혁인지 회의하지 않을 수 없었습니다.

산뜻하게 복도에 걸린 홍보물 액자를 보면서 아이들은 무슨 생각을 했을까요? 선생님들은 몰라도 아이들은 알지 않을까요? 변한 것이 없다고 말입니다. 여전히 한여름에 50명이 넘는 아이가 자기 의사와는 무관하게 보충수업을 해야 하고, 자율학습을 해야 하며, 성적에 따라서 인문계 또는 실업계 고등학교를 지원해야 하는 변하지 않은 현실을 말입니다.

이런 현실에도 불구하고 여름방학 중 개최된 교육개혁 박람회는 말 그대로 유토피아의 세계가 아니었던가요. 21세기 에듀토피아edutopia가 오늘의 교실에, 아이들에게 어떤 의미가 있을까요? 일부 학부모와 교사에게는 전혀 의미가 없진 않았을 겁니다. 적어도 현재의 학교현장이 얼마나 숨 쉴 수 없이 경직되고 획일적이며 비인간화 되어있는가, 이제는 아이들이 좀 더 열린 공간에서 다양한 수준으로 개성을 살리는 인간적인 교육을 받도록 교육현장이 개혁되어야 하지 않겠는가 하는 깨달음 정도는 얻지 않았을까요?

어떤 의미에서건 교육개혁에 대한 관심이 학부모와 교사들 사이에 퍼져나가는 것이 교육을 위해서 바람직할 것입니다. 하지만 저는 수십억 원의 큰돈을 들여가며 이벤트나 박람회로 풀어나가는 교육개혁의 기조가 가지고 있는 삭막한 시장논리가 오히려 교육현장을 황폐화하지 않을까 걱정입니다.

교육개혁의 중심에 우뚝 서 있어야 할 인간 중심의 논리는 어디로 간 것인지. 또 갖은 고난에도 교육의 개혁을 갈망하며 열심이시던 선생님

같은 분들은 혁명적으로 교육 현실을 개혁한다는 요즘의 교육개혁 방안에 춤추며 손뼉 치지 않고 도대체 어디로들 가신 것인지. 사회 변화에 따라 진보주의자들이 개량화되어 가듯이 침잠해버린 것은 분명 아닌 듯한데 말입니다.

도대체 개혁이 무엇입니까? 개혁은 보다 바람직한 가치를 창조하기 위해서 낡은 틀을 수정하거나 깨뜨려서 새로운 틀을 만드는 것 아닐까요. 그것은 이전 시기에 비해 관련된 사람들의 삶이 좀 더 의미 있고 개선될 수 있도록 청산의 과제가 분명히 제시됨을 말합니다. 그러나 지금의 교육개혁은 과정과 초점이 빗나가 교사들을 소외시키는 정도를 넘어 아예 교사들을 개혁의 대상으로 보고 있습니다. 물론 좀 더 훌륭한 교사가 되기 위한 자기 연찬을 게을리해서는 안 되겠지만 교육개혁의 중심 내용인 수요자 중심 교육이나 적어도 교육에서의 권위주의 체제 붕괴는 모두 치열했던 교육운동의 결과가 아니었던가요.

오늘의 교육개혁이 흔들리는 원인 중의 하나가 교육의 주체에서 교사를 배제하는 논리라고 생각합니다. 교육개혁은 '교육의 질은 교사의 질이 좌우한다'는 상식에서 출발해야 합니다. 교사가 주체가 되어 교육활동을 충분히 할 수 있는 여건을 중심으로 입안되고 추진되어야 성공할 수 있지 않을까요? 교육의 본질에 대한 성찰보다 지나치게 시장논리를 전면화한 경제주의적 교육 논리가 교사를 소외시킴으로써 교육개혁은 현장성을 잃은 것이 아닐는지요. 교사가 주체로 서느냐, 아니면 관료적 통제의 대상으로 남느냐. 저는 이것이 선생님을 처음 뵙던 그때와 올해 교육개혁의 차이라고 생각합니다. 선생님은 어떻게 생각하시는지요?

아이들의 밝은 웃음이 있기에 포기하지 않으신다 하셨던 선생님!

교육의 주체로 교사가 바로 서야 한다고 목에 핏줄을 세우며 이야기하지만 저는 가끔 우리 교육의 모순을 헤쳐나가려면 관련되는 여러 문제를 넘어 결국은 자기 자신과 동료가 마지막 장벽이 될 것이라는 생각을 하곤 합니다. 교육 현실에 내재하는 여타의 문제 제기에 비해 상대적으로 미묘하고 위험한 요소를 내포하고 있지만 우리가 진정 교육의 주체이고자 한다면 우리 자신의 문제를 가슴 아프고 진실 되게 짚어 보아야 하지 않을까요.

교사라는 이름은 아직도 가르친다는 신성함의 유력한 실천자인 것처럼 위장되어 있는 것 같습니다. 그러나 지금은 과거처럼 지식과 도덕적 우위가 보장된 상태에서 교사가 상대적으로 커다란 사회적 존경이나 선망의 대상이 되던 시대는 분명 아닙니다. 아니, 오히려 교사의 의식과 행동 양태 그리고 시민사회적인 지식 교양 수준 등이 두루 일반 상식인들에 미치지 못하는 경우가 있다는 얘기도 종종 듣습니다. 더구나 우리 교사들이 나태하고 안일하며 무기력하다는 얘기까지 합니다.

교육 환경이 문제인가, 아니면 교사 자신의 내적 요인이 더 문제인가를 나누어 생각하는 것은 무의미하다고 봅니다. 여러 요인이 서로 교합하여 문제를 심화시켜 왔겠지요. 여하튼 나태한 교사, 열정이 고갈된 교사, 돈이나 한 푼 더 주었으면 하며 명맥만 유지하는 교사, 무엇보다 교육에 대한 소명의식이 탕진된 교사라는 말을 입속으로 가만히 되뇌어 보면 두려움이 꿈틀거리는 걸 느낍니다. 섬뜩해지기도 하고요. 그러나 저를 포함한 우리 교사들 모습의 일부임을 부인할 수는 없을 듯합니다. 저의 경우도 어떤 논리를 끌어들인다 해도 모든 치부를 가리기에는 역부족인 듯합니다. 교육개혁이 아니더라도 변화의 필요성은 충분해

보입니다.

세상은 굉장한 속도로 변하고 있고 아이들의 눈길도 달라졌습니다. 그 변화의 엄청난 속도가 우리를 긴장 속으로 몰아넣곤 합니다. 속도에 질리지 않으면서 제 방향으로 나아가려면 스스로 역동적인 변화를 거듭하지 않으면 안 될 것입니다. 한 번의 변화가 아니라 변화의 연속을 인내하며 좀 더 긴 미래에 대한 호흡으로 오늘을 그리고 매일을 진지하게 살아가야 하리라 믿습니다.

뵙고 싶은 선생님!

어눌한 표현, 중언부언한 글솜씨 탓하진 않으시겠지요? "우리가 언제 입으로 살았냐. 가슴으로 살았지" 하신 선생님의 말씀이 생각나기에 용기를 내어 몇 자 적었습니다. 선생님! 인간을 타락시킬 뿐인 눈에 보이는 것, 손에 잡히는 것 대신에 이제는 보이지 않는 것에 희망을 두고 살렵니다. 거두는 기쁨이야 훗날 어떤 운 좋은 친구에게 넘겨준들 어떻습니까?

언제나 아이들에게 삶으로 가르치는 교사가 되고자 노력하겠습니다. 아이들의 건강한 웃음과 고운 마음을 지켜 소중히 가꾸어주고, 아이들 가슴 가슴에 사랑을 심고, 정의를 심고, 희망을 키워주는… 그래요, 이 땅의 부끄럼 없는 선생이 되기 위해 많이 노력하겠습니다.

건강한 모습으로 찾아뵐 테니 늘 그렇게 계셔서 언제나 큰 힘이 되어주십시오.

선생님의 크신 모습을 닮아가려 애쓰며

이범희 올림

보고 싶은
제자에게

지난 저녁 창밖을 내다보니 소복이 눈이 내리는데 하늘엔 휘영청 밝은 달이 두웅 떠 있는 것을 보았단다. 아름답고 신기하던 모습을 가슴에 담고 잠들었는데 아침에 일어나니 온 세상이 하얗고 거기에 날씨가 제법 쌀쌀해져 모든 길이 얼음판으로 변해 있더구나. 어제 눈 내리던 그 아름다운 모습을 모두 잊고 출근길을 걱정하는 내 모습에 연민이 느껴지더구나. 자연의 섭리 앞에 어쩔 수 없는 나이 아니냐고 나 스스로를 위안하며 조금은 우울하게 출근을 했지.

개학을 앞두어서 그런지 학교는 정적에 휩싸여 있고 넓은 운동장에는 바람 소리만 요란하더구나. 개학까지 연기할 정도로 많은 눈이 내린, 수많은 사람 중에 우리가 담임과 학생의 인연으로 만난 그 겨울의 정경도 이랬지. 선생이 된다는 설렘으로 너희를 만나러 갔던 1989년 겨울, 눈 쌓인 운동장에서 함께 뒹굴며 내일을, 꿈을, 시를 그리고 열다섯 너희가 갖는 삶의 무게를 이야기했던 그때를 생생하게 기억하고 있단다. 그때 겨울 하늘이 너무 맑고 눈부셔 눈시울을 붉히기도 했단다.

한 해 한 해 같은 겨울이 오고 같은 봄이 오지만 눈에 대한 환상도, 또 내일의 꿈도 그 시절처럼 눈부시고 아름답게 느껴지지 않는 것은 왜일까? 나이 들어 그만큼의 열정과 감성을 가지지 못한 탓인지도 모르겠다고 자책하면서 교사로서의 삶의 햇수가 늘어가면서 오히려 더 무기력해지고 나태해져 가는 나를 발견하게 되는구나! 중요한 일보다는 처리해야 할 급한 일에 매달리게 되고 교육적인 것에 대한 고민보다는 현실적인 필요에 천착하게 되더구나. 아이들과 만나는 시간보다는 공문에 파묻혀 지내는 시간이 더 많아지기도 하고, 아이들을 기쁘게 하기보다는 교장, 교감 선생님 눈치 보는 요령을 터득해가는 나 자신을 발견하게 된단다. 이런 내 모습을 발견할 때마다 얼마나 비참하게 느껴지는지 모른단다. 생각과 행동이 너무 다른 모순된 삶을 살고 있기 때문이겠지.

보고 싶은 H야!

얼마 전 너의 편지를 받고 잠을 이룰 수가 없었단다. 나 같은 교사가 되겠노라고 말하던 과거의 네 모습과 교사의 삶을 회의하는 현재의 네 모습이 오버랩 되어 내 마음을 아프게 했지. 독선과 원칙을 자의적으로 해석하여 선생님들을 곤혹스럽게 만드는 학교 관리자, 이기적이고 자기의 잘못을 인정하지 않는 아이들, 그런 아이들과 전혀 다르지 않은 동료 선생님들과 무기력한 교무실 풍경을 보고 너는 교직의 길지 않은 시간에 분노와 좌절을 느꼈다고 했지. 그래서 그토록 어렵게 고생해서 서게 된 교직의 길을 단호히 접겠다는 너의 가슴 아픈 편지글을 읽으며 나는 많은 생각이 들더구나. 이제는 같은 교사의 삶을 살고 있는 네게 내가 무슨 말을 할 수 있을까? 담임과 교사로 만났던 그 교실에서처럼 꿈과 희망을 이야기하며 널 달랠 수 있을까? 아니면 그게 현실이니 그러려니 하고 순응하며 살라고 충고 아닌 충고를 해야 할까?

겨울눈마저도 까맣다는 탄광촌에서 아이들과 더불어 겨울나기를 하고 있을 H야!

너의 편지에서 불과 2, 3년 만에 우리 교육계의 모순을 발견하고 고민하는 너를 본다. 하지만 네가 바라본 교무실 풍경, 이기적인 아이들의 모습 그리고 독선적인 학교 관리자 속에서 정작 너는 빠져있는 것이 아닌가 싶구나. 분명 그 교무실 속에 네가 존재하고 이기적인 아이들과 만나는 현장 속에 네가 있다는 것을 한 번 더 생각하면 어떨까? 내가 그렇듯 누구든 자기 자신을 빼놓고 쉽게 이야기하고 평가하는 것은 아닌지 모르겠다.

그러나 무기력한 교무실 풍경을 바꿔나가는 것도 너의 몫이고 이기적인 아이들과 더불어 공동체를 만들어가는 것도 너의 몫이 아닐까? 그리고 비민주적이고 독선적인 학교 관리자와 대면해야 하는 것도 너일 것이고. 그래서 나는 모순된 삶의 범주 속에서 그 모순을 반복하지 말고 당당히 맞서서 대항하라고 말해주고 싶단다.

다시 3월을 맞이하게 되는구나! 너 역시도 3월에 어떤 아이들을 만나게 될까 궁금하기도 하고 이번에는 작년보다 덜 신경 쓰이게 하는 아이들이어야 하는데 하면서 기원 아닌 기원을 하고 있겠지? 나는 어떤 아이들을 만나든 그 아이들과 더불어 어떻게 살아야 할 것인가를 고민하는 교사이고 싶다. 보통 우리는 그것을 교육철학 운운하면서 어렵게 접근하지만, 나는 아이들과 어떻게 만나고 어떻게 살아갈 것인가에 대한 진지한 고민이 교육의 시작 아닐까? 아이들을 통제의 대상으로 보고 학년 초인 3월에 확실하게 잡으려고 애쓰는 것이 아니라 다양한 아이들을 어떻게 다양한 방법으로 만날 수 있을까를 고민해야 하는 거겠지. 그 방법은 아이들과 끊임없이 부딪치고 끊임없이 대화하는 것을 통해 얻을 수 있다고 믿는다.

새내기 선생님들에게 자주 듣는 질문이 "어떻게 하면 학급운영을 잘할 수 있어요?"란다. 이어서 학기 초 담임교사로서 아이들을 위해 이것저것 준비해 실천하다가 아이들이 따라주지 않아 쉽게 포기해버린 경험담을 듣게 된다. 그러면서 한마디 하지.

"요즘 애들은 도통 말이 안 통해요. 너무 이기적이고 무언가를 하려고 하지 않아요."

말이 안 통하는 것이 아이들만의 탓일까? 이런 문제는 '어떻게'에 중점을 두고 아이들을 만났기 때문에 생겨난 것이 아닐까 싶다. 학급운영에 대한 성공적인 노하우보다는 "아이들을 어떤 마음가짐으로 만나면 좋을까요?"라고 물었다면 더 많은 대화를 할 수 있었을 텐데 말이지.

아이들을 어떤 마음가짐으로 만나야 할까? 그게 우리 교사가 3월에 가져야 할 가장 근본적인 질문이요, 고민이 아닐까 생각한다. '어떤 마음가짐'에는 아이들을 바라보는 관점과 교육철학이 녹아있을 테니까. 그런 고민 속에서 우리 아이들과 더불어 문제를 풀어가는 삶을 생각해보면 어떨까? 일방적으로 가르치고 배우는 수직적인 관계가 아니라 같은 시대를 살아가면서 경험하는 성장의 아픔과 삶을 서로 나누는 그런 교사와 학생의 관계를 맺어보자!

물론 이런 삶이 말처럼 쉽지 않음을 안다. 지금으로서는 쉽지 않지만

'학교에 가는 것이 행복한 아이들'이 많아지는 데 밑거름이 될 수 있도록 노력하자는 의미란다.

"선생님 같은 좋은 선생님이 될래요."

맑은 눈망울에 총기를 띠며 이렇게 말하던 너의 모습이 생생하구나! 교단에 첫발을 내디딘 지 어언 15년의 세월 속에서 '진정 난 좋은 선생이었을까?' 나 스스로 묻지만 부끄러울 뿐이다. 훗날 머리가 희끗희끗해졌을 때 정말 난 좋은 선생이었다고 자신 있게 말할 수 있으면 좋으련만 영 자신이 없구나. 하지만 제자에서 이제는 동료 교사로 살아가는 너를 생각하며 좀 더 부끄럽지 않은 모습으로 교단에 남아 있을 것임을 다짐하고 싶구나.

보고 싶은 H야!

우리 좋은 스승이 되고, 좋은 교사가 되고, 좋은 사람이 되자꾸나! 3월에 너와 같은 아이들을 만날 생각을 하니 벌써 마음이 설렌다. 이 설렘을 일 년 내내 가질 수 있기를 희망해본다. 그리고 건강한 모습으로 아이들을 만나고 그 아이들이 네게 희망으로 남아 있다는 편지를 받고 싶구나!

건강한 모습으로 다시 만날 수 있기를 바란다.

제자 친구
박 선생님에게

선생님의 대학 동기이자 내 제자인 혜정이 생각이 납니다. 많은 제자 중에서도 유독 교직에 발을 들여 놓는 아이들을 보면 그렇게 마음이 흐뭇하고 대견스러울 수가 없습니다. 선생님도 알다시피 혜정이는 성격도 쾌활하고 붙임성이 있어 학교 다닐 때도 유난히 잘 따르던 아이였습니다. 그때부터 나 같은 선생이 되겠다고 그 환한 웃음을 짓곤 했습니다.

그러나 교생실습을 나가 무기력한 교무실의 모습을 보고는 교직에 대한 마음을 과감히 접겠다고 했던 아이였습니다. 우여곡절 끝에 말이야 별로 준비하지 않았다고 했지만 아마도 박 선생님만큼이나 열심히 준비하였을 테고 마침내 임용고시에 합격해 교사가 되었습니다.

발령을 받고 그 설렘을 전하던 첫 전화를 저는 잊을 수 없습니다. 아이들에게 모든 정성을 쏟겠다던, 그래서 늘 밝은 웃음을 잃지 않게 하겠다던 그 당당함과 자신감을 말입니다. 그런데 한두 달이 지나면서 아이들에게 지쳐가는 모습을 자주 보이더군요. 아무리 수업 준비를 해서 교실에 들어가도 전혀 반응이 없는 아이들, 때로 버릇없이 바득바득 덤벼드는 예의 없는 행동, 그 속에서 많이 회의하는 듯했습니다.

메일을 보내기도 하고, 편지를 보내면서 이 땅의 희망으로 교육현장을 지켜나갈 소중한 혜정이가 쓰러지지 않고 잘 이겨나가길 기원했지요. 올해도 여전히 힘들기는 하지만 그래도 동료 교사와 더불어 함께 어려움 헤쳐나가는 삶의 방법을 터득해가는 듯 보여 흐뭇했습니다.

얼마 전 혜정이에게 생일 축하 메일을 받고 답장을 보냈습니다. 교장 선생님과의 갈등을 비롯한 저의 최근 동향을 이야기해주면서 여러 일에 신경 쓰느라 정작 아이들에게, 수업에 다소 소홀한 것이 아닌가 하는 반성을 했습니다.

특히 박 선생님이 늘 부담스럽다는 말을 했습니다. 교사와 제자의 관계였을 때 혜정이가 본 내 모습과 동료 교사의 입장으로 교무실 가까운 곳에서 박 선생님이 지켜보는 내 모습이 많이 다를 것이기에, 선생님에게 배우고 싶고 닮고 싶은 선배 교사의 모습을 보여드려야 하는데 걱정이라고 말했습니다. 그래서 정말 부끄럽지 않은, 진정 아이들과 함께하는 교사, 한 시간의 수업과 한순간의 만남에 만족할 수 있는 교사의 모습을 보여줘야겠다고 다짐하는 메일을 보냈습니다.

박 선생님!

늘 내게 지치지 말고, 주저앉지 말고, 대화는 하되 타협하지 말며 거듭나는 노력 게을리하지 말라는 무언의 채찍으로 다가오는 박 선생님! 그렇게 하도록 하겠습니다. 좀 더 치열하게 살겠습니다. 부끄럽지 않도록 노력하겠습니다.

어제 퇴근하기 직전 모임방에 올라온 선생님의 글을 읽었습니다. 이 나이에도 눈시울이 적셔지더군요. 그러나 한편으로 우리 교육의 희망을 보았기에 얼마나 기뻤는지 모릅니다. 함께 늘 고민하고, 새로운 대안을 모색하고 치열하게 실천합시다. 주변 사람들이 아픈 것을 제외하고 세상의 모든 일은 일어나지 않은 것보다 낫다고 생각합니다. 이번 일을 계기로 더 든든해진 우리의 연대를 고맙게 생각합니다.

가을 산이 참 좋지요? 주말이니 유명산 자락을 끼고 고향이라도 다녀오시며 좋은 사색의 시간 가지시기 바랍니다. 선생님에게서 우리 교육의 희망을 봅니다. 좋은 주말 보내시길.

아버지,
아이들에게 사랑받는
교사가 되겠습니다

먼 거리를 출퇴근하는 아들을 걱정하는 아버지의 새벽 전화를 받고, 짙은 안개를 조심스레 헤치며 출근해 교무실에 와서야 무사히 도착했다는 전화를 드립니다. 제 나이도 어느덧 불혹을 넘겼지만 자식은 늘 부모의 걱정거리인가 봅니다.

지난해 말썽꾸러기 아이들과 함께 〈가시고기〉를 무대에 올렸을 때가 생각납니다. 늘 사고만 치던 아이들이 진지하게 연기하는 모습을 대견해하면서 눈물을 글썽거리던 제 또래 아버지들을 보았지요. 저 또한 '오늘은 학교에서 친구들과 사이좋게 잘 지내고 있을까?' '공부는 열심히 하고 있을까?' 아들에 대해 늘 걱정하는 마음을 가지곤 합니다.

"왜 굳이 힘든 교사의 길을 가려고 하느냐?"

제가 사범대에 진학하겠다고 했을 때, 걱정하시면서도 당신과 같은 길을 걷는 것에 대해 누구보다도 기뻐하셨죠. 그런데 사회 격변기에 대학에 입학한 저는 부조리한 현실에 눈뜨게 되면서 시국 집회에 참여하는 일이 많았습니다. 자연히 경찰서에 드나드는 횟수도 많아졌고, 대학 3학년 때엔 시국 사건에 연루되어 군대에 강제징집을 당했지요. 서슬 퍼렇던 그 시절 이리저리 쫓아다니시며 행여나 아들에게 생길 불이익을 조금이라도 줄여 보려고 높은 분들한테 허리를 조아리며 전전긍긍하시던 당신의 모습이 제 가슴속에 남아 있습니다. 그렇게 우여곡절을 겪으면서 느지막한 나이에 첫 발령을 받았습니다.

"무엇보다 아이들에게 사랑받는 교사가 되거라. 아이들은 교사가 정성을 쏟는 만큼 사랑으로 되돌아온다. 교육은 그때그때 평가받을 수 있는 일이 아니니 아이들에게 순간의 인기를 얻기보다 10년 후, 20년 후 훌륭한 선생님으로 기억될 수 있는 교사가 되거라."

발령장을 받으러 가던 날 아침, 아버지께서 제게 하신 말씀입니다. 아울러 교장, 교감 선생님께 사랑받는 교사가 될 것도 주문하셨죠. 긍정적이고 순종적인 교사의 삶은 아마도 교단생활을 별 탈 없이 해내신 아버지의 오랜 경험에서 나온 지혜일지도 모르겠습니다. 다행스럽게도 "젊은 사람이 운동도 잘하고 아이들과 잘 어울려서 학교를 생동감 있게 한다" 하시던 첫 교장 선생님의 칭찬이 기억납니다.

하지만 교장 선생님의 칭찬은 그리 오래가지 못했습니다. 당시 저는 법적으로 인정받지 못했던 교원단체에 가입하였고, 각종 서명 등으로 제 활동이 노출되었기 때문입니다. 그 후 저에 대한 교장 선생님의 평가는 "아이들을 이용해 목적을 달성하려 한다"는 교사로서 가장 받아들이기 어렵고 수치스러운 말로 바뀌었지요.

당시 저와 가깝게 지내던 아이들은 단지 그 이유만으로 온갖 고통을

겪어야 했던 모양입니다. 얼마 전 결혼을 앞두고 저를 찾아왔던 제자들이 그때 있었던 이야기를 들려주었습니다. 당시 아침 자율학습 시간마다 교감 선생님이나 학생부장 선생님이 아이들을 불러냈다고 합니다. 그리고는 마치 큰 잘못을 저지른 아이들에게 반성문을 받아 내듯이 다그쳤다고 합니다.

"전날 저녁에 선생님과 무슨 이야기를 나누었냐?"

"어디를 갔었냐?"

특별한 이야기가 없었다고 대답하면 커다란 몽둥이로 여러 차례 맞기도 했고, "다음부터는 절대로 선생님을 개인적으로 만나지 마라"는 협박을 받기도 했답니다. 하지만 아이들은 여러 차례의 혼쭐에도 아랑곳하지 않고 저와의 만남을 회피하지 않았습니다. 비록 어린 나이였지만 적어도 그럴 만한 이유가 없다고 생각했다며, 못난 선생을 지켜 낸 무용담을 신이 나서 이야기했습니다. 아이들이 받았을 마음의 상처와 두려움 그리고 어른들에 대한 혼란을 생각하니 씁쓰레한 마음을 떨칠 수 없었습니다.

해직 교사의 복직을 위한 서명을 하고 난 뒤, 서명한 교사들의 징계문제가 거론되면서 당시 교장 선생님이 아버지께 전화를 했던 모양입니다. "어떻게 같은 교직에 있는 사람의 아들이 그럴 수 있느냐? 교사로서 자질도 없고, 늘 학교를 분탕질한다. 이 선생 때문에 교장 못 해먹겠다"고 했고, 아버지는 그 충격으로 안면 신경마비인 구안괘사가 심해지셨다고 하였습니다.

"많이 힘드냐? 너의 교육활동에 대한 진정한 평가는 아이들이다. 교사는 아이들을 위해 존재하니 아이들에게 부끄럽지 않은 교사가 되도록 해라. 다만 부모로서 힘들게 살아가는 네가 안타깝구나."

교장의 대응 방식에 분노하며 죄송한 마음으로 아버지를 찾아뵈었을 때, 아버지께서 해주신 말씀입니다. 생면부지의 사람에게 받았을 모욕을 감추시며 끝까지 저를 걱정하시던 아버지! 저는 그 자리에서도 아버지와 함께 근무하는 젊은 선생님들의 이야기를 많이 들어주실 것과 그 선생님들을 객관적으로 바라봐주실 것을 부탁드렸지요.

교장과 교사, 아버지와 아들, 그 관계가 사회적으로 얼마나 다른지 이제는 아버지가 된 저도 잘 알게 되었습니다. 그리고 얼마나 가슴 졸이며 저를 염려하셨는지도 압니다. 저도 아버지처럼 아들에게 한없는 사랑으로 모든 상황을 이해해줄 것이라고 새삼 다짐해봅니다.

'인기 있는 교사가 되지 말라'는 선배들의 이야기를 자주 듣곤 했습니다. 학년 초 담임을 호명하면 아이들의 환호를 받는 선생님은 기뻐하지 못하고 마치 교사의 체신을 세우지 못한 양 주눅 들어 하던 야릇한 광경을 여러 번 보았습니다. 아이들의 사랑을 받는 교사란 도대체 어떤 교사일까요? 어떤 교사가 사랑받아야 하는 걸까요?

얼마 전, 반공교육이 애국인 줄 알고 가르쳤다는 반민족, 반통일 교육의 과거를 반성하는 퇴임하신 선생님들의 자기 고백을 들었습니다. 아낌없는 박수를 보내면서 저도 마음먹었습니다. 퇴임 뒤에 반성하기보다는 현장에 있을 때 후회하지 않게 가르치겠다고요. 그리고 아이들이 건강하게 살아갈 수 있도록 각종 모순된 제도와 구조를 개선하기 위해 노력하는 교사가 되어야겠다고 말입니다. 이것이 그토록 저를 걱정하신 아버지의 사랑에 대한 보답이라고 믿기 때문입니다. 아이들을 진정으로 사랑하는 것이 아버지가 바라는 아들의 모습, 아니 교사의 모습이라고 믿기 때문입니다.

아버지!

이 일, 저 일 벌여 놓고 바쁘게 돌아다니다 보니 자주 찾아뵙지도 못하고 전화조차 자주 드리지 못하고 있습니다. 하지만 관리자로부터 사랑받지 못할지언정 아이들에게 더욱 사랑받는 교사가 되겠다는 다짐을 실천하는 것으로 아버지께서 평생 교단에서 실천하신 아이들에 대한 사랑을 이어가도록 하겠습니다.

가을바람이 차갑습니다. 고르지 못한 날씨에 몸 건강하세요.

헬로우,
미스터 류!

지금도 교문을 들어서면 전나무와 향나무들이 줄지어 서 있고 교사 뒤편으로 돌아가면 비구니 파르라니 깎은 머리에서 자라나는 설움마냥 산수유 소담스럽게 피어 있겠지요. 삐죽삐죽 솟아나온 전나무와 향나무들이 안쓰러워 손수 전지가위 들고 다듬던 선생님의 모습이 눈에 선합니다. 선생님의 손을 거친 나무들은 제법 그럴듯한 자태로 아이들을 유혹하곤 했지요. 그 나무들은 올해도 선생님의 손을 거쳐 갔겠지요?

"선생님, 둘리 만들어주세요."

"선생님, 예쁜 탑도 만들어주세요."

"둘리가 뭐고, 내가 그걸 어떻게 만들어 이 녀석들아!"

"제가 둘리 인형 가져올게요. 꼭 만들어주세요."

아이들의 성화에 못 이겨 결국 전나무를 둘리 모양으로 만들어 놓으

섰지요. 아이들이 가져온 둘리 인형을 보고 "그놈 참 귀엽게 생겼다" 하시면서 말입니다. "나무 가지고 장난치면 안 되는데…" 하시면서도 아이들이 좋아하는 둘리를 그럴듯하게 만드신 것을 보고 많은 선생님과 아이들이 감동했다는 거 모르시죠? 눈이 하얗게 내리는 날이면 더 선명하게 둘리의 얼굴을 볼 수 있었던 교정이 너무도 그립습니다.

건강하신지요, 선생님!

정년퇴임을 앞둔 마지막 일 년을 어떻게 보내고 계시는지요? 근 40여 년간 꿋꿋하게 지켜온 교단을 떠난다는 것이 분명 마음 편한 일은 아닐 텐데, 그렇게도 사랑하는 아이들과의 이별을 어떻게 준비하고 계시는지요? 쉬는 시간, 복도를 뛰어가던 아이가 선생님을 향해 인사하던 게 생각이 납니다.

"헬로우, 미스터 류!"

그러면 선생님은 환한 얼굴로 한 손을 높이 들어 보이며 답하셨지요.

"헬로우, 스튜던트!"

환하게 인사를 주고받는 스승과 제자. 분명 그 모습은 스승과 제자의 모습이었음을 전 압니다. 교사의 권위와 학생의 본분을 따지기 이전에 사람과 사람이 함께 호흡하고 있음을 느끼게 하는 삶의 한 단면이었습니다.

수업이 비는 시간을 이용하여 아이들을 직접 이발해주시던 선생님!

머리가 길다고 꾸짖는 대신에 정성스레 직접 이발을 해주시던 선생님에게 아이들은 자진해서 머리를 자르겠다고 상담실을 찾아오곤 했지요. 당신은 그렇게 아이들과 만나노라고, 아이들과 이렇게 상담하노라고 말씀하시던 게 생각납니다. 아이들에게 따끔하게 충고도 하시고, 이런저런 불만도 들어주시는 선생님을 보면서 교사로서의 제 삶에 대해 다시 한 번 생각했습니다. '나도 나이 들어서 저렇게 아이들을 격의 없이 대할 수 있을까, 평생 일관성을 가지고 아이들을 대할 수 있을까?' 하고 말입니다.

그런데 선생님!

우리의 교육 풍토가 평교사로 퇴직하는 선생님 같은 분에게 얼마나 많은 고민과 갈등을 안겨주는지 저는 잘 압니다. 그리 길지 않은 교직 경력에서 제가 뼈저리게 고민하고 갈등했던 부분이기도 하니까요. 아이들과 더불어 평생을 재미있고 의미 있게 교육활동을 하는 것이 교사로 살아가는 기본 자세임에도, 우리 교육 풍토에서는 나이가 들어서도 평교사로 살아가는 것이 무능력을 반증하는 것으로 여겨지지요.

이런 풍토에서 교사들은 무능력해지지 않기 위해 아주 작은 점수를 놓고 서로 경쟁을 합니다. 이는 곧 기존의 교육 질서에 순응하는 일이고, 건강한 교사문화를 저해하는 일이지요. 선후배 교사가 교육을 화두로 함께 이야기 나누고, 변화하는 아이들을 따라잡기 위해 치열하게 대화하는 문화가 부재한 것도 그 탓이지 않나 싶습니다.

언젠가 선생님은 교사들의 모습에 대해 이렇게 꼬집은 적이 있지요.

"그 속에 무엇이 들어 있는지 수업만 끝나고 나오면 하루 종일 모니터만 들여다보고 있어. 아이들 이야기도 하고 학교 이야기도 하고 다못해 집안의 속상한 이야기라도 할라치면 얼굴을 봐야 무슨 말을 해도 하지. 도대체 학교에 와서 다른 선생님들과 몇 마디나 하다 집에 가는지 모르겠어. 그놈의 컴퓨터 때문에 억지로 벙어리 신세가 된다니까……."

빠르게 변하는 정보화의 추세 속에 컴퓨터를 다루는 기술이 마치 교사의 자질과 능력의 전부인 것 같다며 속상해하시던 선생님 말씀이 기억납니다. 당신의 무능이야 인정할 수 있지만, 그래도 사람답게 얼굴 마주 보고 살 비비며 이야기 좀 나누며 살자고, 그것이 또 교육 아니냐고 하셨던 것도요.

교육방송과 인터넷 수업이 우리 교육의 일상이 되어버려 아이들은 학교에서 저녁 늦게까지 교육방송을 시청하고, 또 집에 돌아가서는 인터넷 방송까지 보아야 하지요. 교사가 하는 일이라고는 겨우 조용히 교육방송을 보도록 지도하고 아이들이 본 교육방송 교재에서 시험 문제를 내는 일뿐입니다. 굳이 교사의 전문성에 대해 논의할 필요조차 느끼지 못하는 현실입니다.

이것이 바로 교육의 위기이고 교사의 위기가 아닌가 싶습니다. 평생 좋은 교사로 아이들 곁에서 살아갈 것을 다짐하듯 선생님은 오롯이 아이들만을 가슴에 담고 그렇게 살아오셨습니다. 컴퓨터를 다루는 능력과는 무관하게 격의 없이 아이들을 만나고, 수십 년의 간극을 사랑으로 뛰어넘는 선생님의 삶을 보면서 어떤 것이 교사로서 살아가야 할 길인지를 깨닫습니다.

선생님은 아이들의 스승이기도 하시지만 같은 길을 걷는 제게도 분명한 스승이십니다. 선생님은 제게 언제나 닮고 싶은 '큰 바위 얼굴'이었음을 고백합니다. 40년 내내 변함없이 아이들을 사랑하는 마음으로 교육을 실천하고, 일 년이 채 남지 않은 교사로의 마지막 삶을 아이들을 위해 교실에서, 상담실에서 헌신하고 계신 그 모습이 진정 교사로서의 능력임을 전 압니다.

선생님이 지금까지 모든 것을 바치셨던 아이들을 가르치는 일을 건강하신 모습으로 잘 마무리하시길 바랍니다. 저도 선생님처럼 아이들과 더불어 살며 나이를 먹고, 아이들을 사랑하며 교단을 지키도록 하겠습니다.

"헬로우, 미스터 류!"

방학 교직원연수의
단상

기다리고 기다리던 방학이 시작되었습니다. 너무 일찍 찾아온 더위에 그만 지치고, 정신없이 몰아치는 여러 상황에 너무 쉽게 무릎을 꿇어버린 것이 아닌가 하는 생각이 듭니다. 기말고사를 끝내고는 아이들과 만나는 하루하루가, 아니 한 시간 한 시간이 고욕이었습니다.

그러던 차에 맞은 방학은 아이들과 동료들로부터 일정한 거리를 두고, 그들을 좀 더 객관적으로 볼 좋은 기회가 되리라 믿습니다. 생산적인 거리요, 2보 전진을 위한 1보 후퇴가 되도록 노력해야겠지요.

방학하는 날 안면도로 연수를 떠났습니다. 연수의 의미와 내용은 둘째 치고 다녀오고 나면 늘 아쉬움이 남는 것이 방학 때 떠나는 연수입니다. 작년 동해안 연수 마치고 교장 선생님은 알맹이 없는 연수를 후회하시며 가까운 학교 부근에서 하자고 말씀하셨습니다. 많은 선생님이 동의했던 것으로 기억합니다. 한 학기의 누적된 피로를 풀기 위해서 지역을 벗어나고 싶은 마음은 누구나 마찬가지일 것입니다. 하지만 그 저 버스 타고 오가기만 하는, 술 마신 기억밖에 없는 이런 연수는 다시 생각해 보았으면 합니다. 꼭 안면도를 갔어야 할 수 있었던 일은 자연 휴양림의 임업박물관을 20분 관람한 것밖에 없으니 말입니다.

사실 사전에 설문지를 통해 의견을 물었고 대부분의 선생님이 동의했 습니다. 여기에 이의를 제기하는 것은 문제가 있습니다. 그렇다면 내용 의 수정을 생각해볼 수 있는데 이 정도의 시간이 소요되는 여행에서 별 도의 프로그램을 갖는 것은 불가능해 보입니다. 차라리 순수하게 여행 만을 목적으로 가는 것이 더 나을 것입니다.

그러나 이번 연수는 교장 선생님이 연수의 제목에 끝까지 집착하셨고 '1학기 교육과정 평가와 반성'으로 명명되었습니다. 돌아오는 버스에서 "미안하고, 죄송하다"고 하신 교장 선생님 말씀을 전부 이해할 수는 없 지만 집약해보면, 퇴임을 앞두고 근사한 연수로 마무리를 하고 싶으셨 을 텐데, 많은 아쉬움이 있는 듯했습니다.

결론적으로 방학 때 떠나는 연수, 그것도 참석에 대한 선택권이 사실 상 없는 이런 연수는 순수한 여행을 목적으로 하든지, 아니면 좀 더 가 까운 곳으로 가서 내용을 담을 수 있는 프로그램으로 전환했으면 합니 다. 그래야 모두가 갖는 아쉬움을 내년에는 반복하지 않을 수 있을 것 입니다.

안면도에서 보니 남자 선생님은 대부분 관리자나 동료 교사에게 불 만이 많은 것 같았습니다. 그것이 학교를 벗어나 많은 선생님이 함께하 는 자리, 즐거워야 할 자리에서 꼭 표출되었어야 했는지 모르겠습니다 만, 제에게는 별로 좋지 않아 보였습니다. 수업의 과다 문제, 보직교사

문제, 학교경영에서의 소외 문제 등에 불만이 있는 듯했습니다. 우리의 동료가 여러 문제를 가슴에 담고 속앓이를 했다면 그것은 개인적으로도 불행이요, 우리 교무실의 전체 분위기, 더 나아가 아이들을 위해서도 바람직하지 않은 결과를 초래했을 것입니다.

평소 교무실의 분위기가 좀 더 열린 공간이었다면 그랬을까? 우리가 문제를 스스로 해결하려는 자주적인 태도로 살았어도 그랬을까? 수업 몇 시간 덜하고, 좀 더 쉬운 업무를 맡으려고 목에 핏줄 세우는 이기적인 교사의 모습을 극복하고 동료에 대한 애정을 가지고 살았다면 우리가 그랬을까?

그 무엇이 문제이든 이번 방학 동안 좀 더 사람의 향기를 낼 수 있게 성숙해지도록 노력하겠습니다. 안면도에서 돌아와 하루가 지났지만 왠지 지금도 그 뒷맛은 씁쓰레하기만 합니다.

먼저 말 걸고,
먼저 웃어주고,
먼저 배려하기

엊그제 새로 옮길 학교에 다녀왔습니다. 아파트 숲 사이로 나무 몇 그루 없는 개교한 지 6년쯤 된 전형적인 도시 학교의 모습이었습니다. 운동장도 체력검사나 체육대회를 하기에는 턱없이 협소한, 아니 전 교생이 나와 서 있기에도 좁을 정도로 작아 보이는 학교였습니다. 그나마 성냥갑 모양의 틀을 벗고 부드러운 곡선을 살린 외형이 위안을 주었습니다.

비좁은 주차장에 차를 대고 교무실을 찾아 올라갔습니다. 보충수업 때문인지 학교에 나왔던 아이들이 내려옵니다. 전입 오시는 것인지, 아니면 전근 가시는 것인지 몇몇 선생님도 내려옵니다. 올라가는 저나 내려오는 사람이나 그저 무표정하게 지나칩니다. 나이 오십을 앞두고도 새로운 곳에 가거나 새로운 사람을 만나면 긴장을 하는지 먼저 웃으며 인사를 건네려다 이내 포기합니다. 쑥스러움을 내치지 못한 탓이지요.

물어물어 교무실을 찾아갔습니다. 언젠가 대학 홍보를 위해 교무실에 들렀던 교수 후배가 했던 말이 기억납니다.

"선생님들은 무엇이 바쁜지 교무실에 사람이 들어와도 쳐다보는 사람이 아무도 없어요. 그저 컴퓨터 모니터만 들여다보고 있어요."

역시 그랬습니다. 모든 선생님이 각자의 일에만 빠져있지 고개를 들고 안내해주는 사람이 아무도 없습니다. 아마 저도 그러지 않았을까 싶습니다. 이럴 때 따뜻한 웃음과 함께 먼저 말을 건네주면 조금은 쑥스러움과 불안을 덜 수 있지 않을까 싶습니다. 다음부터는 꼭 내가 먼저 웃음과 말을 건네야겠다고 다짐해봅니다.

목요일에 담임 및 업무 배정을 한다고 합니다. 교과 시수 배정도 하고요. 새로 전입해 오는 선생님이나 새내기 선생님들에게 수업연구를 요구하는 것을 제가 있던 학교나 주변에서 많이 들었습니다. 학기 초 조금만 목소리 높이고 불편을 감수하면 일 년이 편하다는 교무실의 속설도 있습니다.

'나도 예전에는 이것저것 힘들고 불편한 것 다했다'면서 후배들에게 수업연구며 대부분 꺼리는 일을 떠넘기기보다는 궂은일, 힘든 일은 선배가 먼저 하는 것이 어떨까 싶습니다. 물론 모든 선생님이 편하게 서로의 수업을 관찰하며 격려하고 용기를 주는 관계를 맺어 간다면 더없이 좋고요.

학교를 옮기고 새로운 곳에 적응하려니 이런저런 걱정과 불안이 생기는 것인지 먼저 말 걸기, 배려하기 같은 작은 실천이 우리 교무실 문화를 바꿀 수 있지 않을까 생각해보게 됩니다.

모임을
걱정합니다

긴 겨울 지나고 이제 오는가 싶던 봄마저 훌쩍 지나는 듯합니다. 개교기념일까지 낀 연휴와 중간고사 일정 등으로 저는 제법 여유 있는 5월을 보내고 있습니다.

다른 선생님들을 만나 보면 많이 바쁘다고들 이야기하기도 하고 또 일부 지역과 몇몇 선생님은 일제고사의 여파가 제법 있다고들 합니다. 되돌아보면 늘 교육 현안이 있었고 그때마다 우리는 교육의 위기라고 불렀던 것은 아닌가 싶습니다.

요즘 우리 '참통' 소모임도 위기인 것 같습니다. 오래전 양평에서 근무할 때 선생님들과 함께 두툼한 노트를 준비해서 교단일기를 쓰고 소모임을 꾸리며 '아이들 이름 외우기 대회', '자율적인 공개수업'을 비롯한 다양한 활동을 했습니다. 5월 스승의 날을 즈음하여 용문산 자락에 둘러앉아 돌림소설을 쓰며 많이 웃고 눈물짓기도 했고 닭싸움을 해서

야자감독 면제권을 선물로 받기도 했습니다. 이렇게 동료 교사와의 연대로 학교생활을 함께한다고 느낄 때 생활이 즐겁고 여유로웠던 것 같습니다. 교사들 마음이 가벼우면 아이들을 대하는 태도가 달라지고 학교생활이 신 났던 것 같습니다.

이천에서 근무할 때도 소모임을 만들어 학급운영 공동 실천자료를 함께 준비해서 홈페이지에 올리고, 소모임 선생님들이 공동으로 뒤뜰 야영도 진행하고, 직무연수도 함께 준비하면서 힘들지만 교사로서의 보람과 기쁨을 누렸던 것 같습니다.

둘러보면 교육 여건이나 환경이 우리를 좌절하고 절망하게 하지만 그래도 참교육의 열정으로 낙관하는 결결한 연대, 교사로서의 뜨거운 연대가 그 절망을 이기게 하지 않을까요?

얼마 전 우리 반 학급신문인 '희망쌓기'의 함께 읽는 글에 '휘떼' 이야기를 실었습니다. 휘떼는 무용수 등이 제자리에서 수십 바퀴를 도는 기술을 말합니다. 쉬운 예로 피겨 스케이팅의 김연아 선수가 제자리에서 회전하는 모습을 떠올리시면 됩니다. 보통 사람들은 회전을 하면 몇 바퀴만 돌아도 어지러워 쓰러집니다. 그런데 김연아 선수는 수십 바퀴를 돌아도 어지러워 쓰러지는 일이 없습니다. 왜 그럴까요? 김연아 선수는 분명한 목표를 두고 한 곳을 응시하기 때문이라고 합니다.

우리 모임의 목표는 무엇일까요? 우리를 쓰러지지 않게 할 휘떼는 무엇일까요? 저는 요즘 우리 참통 지역 모임, 특히 온라인에서 소통의 한계를 느끼고 있습니다. 한계를 느끼기보다는 모임의 미래상이 떠오르지 않아 고민하고 있다는 것이 더 정확한 표현일 것입니다. 홈페이지에 글을 올리고 그것을 내려받고 그래서 유용하게 활용하는 구조에서는 소수의 활동가들(사실 활동가까지는 아니어도 늘 내려받아 쓰기만 하던 사람들이 큰 맘 먹고 올리기도 합니다)만 있어도 존재할 수 있습니다. 하지만 그런 형태로는 결국 오래가기 힘들뿐더러 교사를 자료 소비자로 만들 뿐이라는 것이 제 생각입니다.

　여름 연수는 어찌해야 하고, 동력을 잃어가는 지역 모임은 또 어찌해야 하는지도 고민입니다. 다른 모임과의 연대나 네트워킹은 그다음 문제고 내부적으로 해결해야 할 문제가 꽤 있는 것 같은데 선뜻 앞으로 나서는 일에 자신이 없습니다. 그래도 얼굴들 보면 좀 나을 것 같기도 합니다. 얼굴들 좀 보여주세요. 네?!

봄날에 느끼는 답답함

정말 화창한 봄날입니다. 바람에 묻어오는 아카시아 향은 무심하게도 내내 그것에 취하여 꼼짝하지 못하게 만들어 놓습니다. 아침부터 선생님들이 카누부 경기를 보러 가야 하는 것이 아니냐고 묻습니다. 살뜰한 동료애가 느껴져서 기분이 좋습니다. 함께 가면 좋으련만 5, 6교시가 수업이라 미안하기도 하고 아쉽기도 합니다.

이리도 좋은 날이건만 막상 학교 내에서 돌아가는 상황을 보면 가슴이 답답해지고 화를 주체할 수 없습니다. 2학년 야간자주학습 문제가 그렇습니다. 무엇 때문에, 왜 하는지에 대한 정당성은 보이지 않고 그 진행과정을 살펴 보면 정말 변할 수 없는, 변하지 않는 우리 교육의 한계가 그대로 드러나 더 답답해집니다.

인문계 아이들이야 늘 하던 것이고 우리 학교 아이들도 대부분 늦은 시간까지 자기주도학습을 하고 있으니 그렇다 하더라도, 뜬금없이 산

기과 아이들도 11시까지 자율학습을 하자고 합니다. 한 시간 수업을 마치고 나올 때면 늘 공허한 기분이 들게 하는, 아무 의욕 없이 전공 실습밭에 물주고 그늘에서 잠자는 것을 행복으로 여기는, 절반 이상이 수업 시간에 엎드려 잠자는 그런 아이들도 11시까지 데리고 있으라는 것입니다. 아이들의 일상을 조금이라도 안다면, 효과에 대한 의문은 뒤로하더라도 이것은 인권침해이고 학교폭력이 아닐 수 없습니다.

물론 전혀 의미가 없는 것은 아니지요. 공부하는 습관을 갖게 한다든지, 인내심을 기를 수 있다든지, 그 시간에 밖에 나가 배회하는 것보다야 나을 수 있겠지요.

목소리 높여 따져보지만 저는 아이들 교육에는 관심 없고 열정 없는 교사로 매도되고 맙니다. 말없이 따라주는 아이들의 모습을 대외적 이미지 개선에 활용하고, 그것을 재직기간의 주요 치적으로 여기는 것은 아닌지 모르겠습니다.

아! 다시 아카시아 향이 느껴집니다. 이제는 그 향에 취해 깨어나고 싶지 않습니다. 그렇지만 만들어져가는 허상의 그림자에 드리워져 하루하루를 보내기에는 나의 책무가 너무 크게 느껴집니다. 우리 모두 힘냅시다. 서로를 보듬는 사랑의 힘으로.

거미줄의
거미

며칠 만에 컴퓨터 앞에 앉았습니다. 함께 쓰는 교단일기에 도통 보이지 않던 박 선생님의 글을 대할 수 있어 무엇보다 기뻤고 조금씩이라도 매일 써야겠다 생각했습니다. 하루 이틀 건너뛰다 보면 아예 무감각해져 교단일기 쓰는 것을 잊게 됩니다.

다음 모임에서 여러 가지로 반성과 평가가 있어야겠지만 다른 선생님들도 학급이나 개인적 동정 정도는 올리는 것이 좋을 듯합니다. 한 학교에 있으면서도 하루 종일 얼굴 한번 보지 못하고 지내는 경우도 많고, 학교에 왔는지 무슨 특별한 일은 없는지 무신경하게 지나게 되는 경우가 많기 때문입니다. 그렇게 지내다 한 달 만에 만나서 저녁 먹고 헤어지는 것만으로는 우리 모임이 학교 내에서 어떤 역할도 할 수 없을 듯합니다. 일상의 관계 맺기가 가능할 때 우리 교사들의 성장도, 우리 학교의 문화도 건강하게 견인해낼 수 있지 않을까 싶습니다. 특별히 무슨 일을 하자는 것이 아닙니다. 살아가면서 서로 따뜻한 말 한마디 건네는 것으로도 큰 힘을 얻을 수 있지 않을까 해서입니다.

지난 19일만 해도 그렇습니다. 가출한 아이만으로도 힘들었을 텐데, 교장 선생님의 각진 말씀까지 보태져 김 선생님이 꽤 힘들고 어려웠을 때, 정작 곁에 아무도 없었던 것이 아니었나 싶습니다. 모임 일기장에 서로 말 한마디 남기는 것만으로도 충분한 의미를 찾을 수 있었을 텐데 속상한 당사자의 글밖에 찾아볼 수 없더군요.

물론 저도 아무 글도 쓰지 않았으니 딱히 할 말은 없습니다만 우리의 동료의식에 대한 진지한 성찰이 있어야 할 듯합니다. 누구보다도 아이들을 사랑하는 김 선생님이 가출한 아이들을 역에서 기다리는 모습이 그려지는지요? 그날 2학년 수업에 들어가 몇 마디 잔소리할 때 괜히 제가 눈물이 나려 했던 것처럼 그 모습 또한 눈물 나는 장면 아닙니까? 모르겠습니다. 적어도 교장 선생님의 "정성을 다하지 않는다"는 말씀은 전적으로 잘못된 것임이 분명합니다.

선생님 힘내세요. 아이들에 대한 선생님의 정성을 누가 평가하는지는 명확하니까요. 힘든 아이들이 모여 있는 우리 학교의 현실적이고 특수한 상황을 전혀 무시할 수는 없으니 그런 부분은 좀 더 여러 선생님과 협의하고 대안을 함께 모색해 나가기로 해요. 누구든지 밀어붙이기식의 방법은 반드시 부작용을 낳으리라고 봅니다. 교육 당국의 개혁 원칙에는 동의하지만, 그 방법에 문제를 제기하는 이유가 바로 여기에 있습니다.

어느 선생님의 글에서도 잠시 언급되었습니다만 거미줄에 걸려 있는 거미와 같은 아이들을 어떻게 구할 것인가 하는 방법에 대한 서로의 차이를 일방적으로 주장하면 곤란하겠지요? 그런 의미에서 저는 상담실 유리창에 걸려 있는 거미줄을 당분간 제거하지 않으려 합니다. 그 거미 줄에 몇 마리의 거미가 매달려 있는데 우리 아이들이 많이 생각나기 때문입니다. 쓸개를 맛보며 절치부심했다는 '와신상담'의 고사성어를 생각하며 말입니다. 비 온 뒤에 땅이 더욱 굳어지겠지요?

받은 사랑
주는 사랑

지난 토요일은 개교기념일이었습니다. 모처럼 집에서 낮잠을 즐기며 쉬는데 아주 오래전 제자로부터 전화가 왔습니다. 강원도와 경상북도의 경계 지점에서 중학교 교사로 근무하고 있는 제자입니다.

"스승의 날에 찾아뵙지 못했으니 내일이라도 찾아뵙겠습니다. 오늘 출발하려고 했는데 선생님과 함께했을 때 모둠별 단합대회를 하던 생각이나 여러 차례 미루다 오늘 단합대회를 마치고 내일 첫차로 출발하겠습니다."

"몇 시간 쯤 걸리는데?"

"다섯 시간쯤 걸린대요."

"힘든데 뭐하러 와?"

"힘들긴요. 스승의 날 찾아뵐 수 있는 선생님이 계신다는 게 얼마나 자랑스러워요. 늘 그렇게 그 자리에 계셔만 주세요."

교직을 시작하며 자기의 잘못을 전혀 인정하려 하지 않는 아이들과 무기력하고 타성에 젖은 듯 생활하는 선생님들의 모습에 실망하여 교직의 길을 포기하려고 했던, 시골 중학교로 첫 발령을 받아 제때 식사를 하지 못해서 속병을 얻어 한약을 달고 살았던, 아이들 때문에 그렇게 힘들고 속상해하면서도 아이들 밉다고 불평 한 번 없던 녀석이었습니다. 제게는 늘 어리게 보이건만 의젓하고 패기 있는 청년 교사가 되어 제 앞에 섰습니다.

말이 쉬워 다섯 시간이지, 왕복 열 시간입니다. 일요일 하루를 온전히 저에게 투자해준 것이지요. 그렇게 어렵게 온 제자를 겨우 식사 한 끼 먹이고 집에서 잠시 쉬게 하다가 보낼 수밖에 없었습니다. 하지만 받은 사랑 되돌려주기 위해 그 아이가 가자마자 저의 초등학교 때 담임선생님과 지금은 퇴임하신 함께 근무했던 교장 선생님께 조그만 화분 하나씩 보내드렸습니다. 제자에게 받은 사랑은 그 사랑의 몇 배를 베풀며 살아가는 것이 선생의 도리라 생각했습니다.

몇 년 전 학부형 중의 한 분이 조그만 절의 주지셨습니다. 아이들의 신상과 관련된 내용을 정리하다가 학부모의 직업란에 종교인이라고 쓰여 있기에 목사님인 줄 알았는데 나중에 보니 주지 스님이라고 하는 것이었습니다. 제 무지를 탓하는 수밖에요.

아마 계절상으로 이때쯤이었을 겁니다. 검도부였던 그 아이의 진로 문제로 스님인 학부형과 식사의 자리를 갖게 되었습니다. 식사를 마치고 나오는데 초대한 스님이 계산할 뜻이 보이지 않아 당황했습니다. 그때서야 스님도 당황해 하며 계산을 마쳤습니다. 그러시며 하시는 말씀이 자기는 늘 받는 것에 익숙해 있어서 그랬다고 미안해하더군요. 신도

들이 쌀과 술, 담배, 대부분의 부식까지 시주하기 때문에 돈 주고 무엇을 사본지가 오래되었다고 하면서 말입니다.

엊그제는 스승의 날이었습니다. 저도 아이들로부터 과분하게 편지와 꽃과 얼마간의 선물도 받았습니다. 스승의 날을 앞두고 "담임에게 선물을 사기 위해 학급비를 걷는 일은 하지 마라", "지금의 담임이야 매일 만나니 초, 중학교의 담임선생님들께 편지를 쓰라"고 일러두었는데도 아이들이 적지 않은 돈을 걷은 모양입니다.

아이들에게 과분한 사랑을 받으면서 왜 학부형인 그 스님이 생각났는지 모르겠습니다. 혹 나도 짧지 않은 교사의 삶을 살아오면서 어느덧 받는 일에만 익숙해진 것은 아닌지, 아이들에게는 이렇게 하자, 저렇게 하자고 이야기하면서 막상 나는 하나도 실천하지 못하고 있는 것은 아닌지, 아이들이 주는 빨간 카네이션은 덥석덥석 받으면서 나의 스승에게 꽃 한 송이 제대로 달아드렸는지 되돌아봅니다.

많은 논란 속에서도 스승의 날이 진정 의미가 있으려면 받는 데 익숙해진 우리의 관행을 극복하는 것이 필요하지 않을까 생각합니다. 그런 의미에서 지금의 내가 있기까지 도움을 주신 여러 선생님께 전화라도 한 통씩 드려야겠습니다. 퇴임하고 쓸쓸히 스승의 날을 맞이하셨을 선생님들께도요.

2장

삶으로 가르치는
교사이고 싶습니다

흥덕고 교사들과의 나눔

나는 교문 앞 스토커입니다

너무
무겁습니다

밤 9시가 되어가는데 아직 학교에 남아 있습니다. 흔히 말하는 야자 감독은 아닙니다. 학교를 둘러보니 이 넓은 학교에 야자 감독하시는 여선생님이 홀로 계시던데 남겨놓고 나가기가 왠지 미안스러워 그냥 남아 있습니다.

자기주도학습실에서 열심히 공부하는 아이들이 있는 반면, 공부는 하지 않지만 학교에 남아 이리저리 돌아다니는 아이들도 있습니다. 홈베이스에 앉아 수다를 떠는 아이도 제법 있습니다. 시험이 얼마 남지 않았으니 학교에서 공부하든, 집에 가서 하든 좀 해야 하지 않겠냐고 채근해봅니다. 하지만 집중하지 못하면서도 공부하겠다고 굳이 남아 있는 아이들이 안쓰럽고 안타까워 이내 열심히 해보라고 다독입니다.

인문계 고등학교에 진학해서 대학도 가고 싶은 욕심에 학교에 남아 공부해 보려고 하지만 몸에 익숙하지 않은 습관인지라 친구들과 수다를 떨거나 놀다가 하교 시간에 맞춰 함께 돌아가는 모양입니다. 집안 사정으로 미루어 보건대 집에서 부모님들이 딱히 챙겨줄 수 없는 아이들 같습니다. 지금까지 흡연이나 무단 결석으로 수차례 지적을 받은 아이도 있습니다. 그런 아이들이 학교 밖으로 나가면 괜히 몰려다니다가 건강하지 못한 문화에 휩쓸릴 수 있으니 차라리 학교에서 시간을 보내는 것이 그래도 안전한 것이 아닐까 하고 위안으로 삼아봅니다.

하지만 학교와 교사의 역할은 어디까지인지, 진정한 돌봄은 어디까지인지도 생각해봅니다. 교사의 노동 조건과 상충하는 현상은 어떻게 풀어가야 하는지? 열정을 가지라고 하면 되는 것인지? 교사의 열정과 헌신에 의존하는 학교혁신 운동은 문제가 있다, 시스템과 제도로 운영되어야 한다는 지적에 동의하지만 그럼 시스템은 누가 만들고 제도는 누가 운영해야 하는지? 우리가 꿈꾸는 학교를 누군가 세팅해 놓고 우리에게 근무하라고 하는 것은 불가능하니 결국 우리의 노력과 열정으로 그런 학교를 만들어가야 하는 것은 아닌지?

단위 학교에서 알아서 감당하기에는 너무 무겁기만 합니다.

경계 세우기

담을 타고 길게 줄지어 선 붉은 줄장미에 눈길을 줄 여유는 좀 있으셨는지요? 중간고사 이후의 산란함으로 선생님들에게는 몸과 마음을 추스를 시간이 필요하셨을 텐데 좀 쉬셨는지 모르겠습니다. 저는 이틀 내내 잠을 잤습니다. 왜 그리 잠이 오는지 몸 가는 대로 그대로 맡기고 푹 쉬는 게으름으로 저를 달랬습니다. 선생님들처럼 수업과 학급에서 아이들을 만나는 것도 아니고 학부모들과 통화를 하는 것도 아닌데 하는 일 없이 왜 이리 피곤한지 모르겠습니다. 괜한 사치 부리는 것은 아닌지 모르겠습니다.

존경하는 홍덕고 선생님!

선생님들의 치열한 몸부림에도 불구하고 아이들의 어리광(?)과 일부 학부모의 야속한 언어의 편린들로 많이 속상하고 답답하시리라 생각합니다. 안타깝고 답답한 마음 크시지요? 절망 속에 남모르게 눈물도 흘리

고 계시리라 봅니다. 저를 향해, 또는 누군지 모를 막연한 대상을 향한 원망의 마음도 갖고 계실 테고요. 지금 우리가 풀어야 할 속앓이는 오랜 세월 쌓인 교육적 과제이고 해원이 필요하다면 그것은 특별한 누군가가 해답을 가지고 있지 않으며 개별적으로 대응하는 것도 무리라고 봅니다. 함께 머리를 맞대고 말이 아니라 실천을 통해 해결해야겠지요.

이번 한 주 동안에는 온 힘을 다해 수업시간 지키기 운동을 전개하려 합니다. 제시간에 수업에 들어가기, 수업 중 화장실이나 사물함에 가지 않고 미리미리 챙기기, 힘드셔도 수업 일찍 끝내고 밖으로 내보내지 않기 등 말입니다. 저도 그리하겠지만 수업 없으신 선생님들도 수시로 복도에서 배회하는 아이들을 다그쳐 보자고요. 수업 중 선생님들 눈 피해 나가는 아이들은 불러서 크게 꾸짖기도 하고요. 수업을 방해하거나 교권을 실추시키는 아이들은 교감 선생님이나 저에게 보내주시고 괜한 자책하지 않으셨으면 합니다.

학생인권부와 학년부에서 출결 상태가 불량스러운 아이들에 대한 일괄 지도를 계획하고 있는 것으로 알고 있습니다. 누구의 책임으로 떠넘기지 말고 함께 해결해 보자고요. 어찌 되었든 개교하고 석 달이 지났습니다. 6월은 학교의 격을 세우는 과정에서 우리에게 커다란 위기이자 기회가 아닌가 싶습니다. 나보다 더 힘든 선생님은 없는지, 나보다 더 위로가 필요한 선생님은 없는지 주변을 둘러보며 조금만 더 힘을 내봅시다.

좋은 아이디어가 있으면 언제든 저에게 오셔서 이야기 나눠주시고 제안해주십시오. 같이 야구장도 가고, 뮤지컬도 보러 가고, 공부도 하고, 늦은 저녁 소주도 한 잔 하며, 그렇게 우리 선생님들이 먼저 더불어 건강한 아름다운 교육공동체를 만들어 보자고요.

늘 고맙고 감사합니다. 서로의 존재가 행복의 이유가 되는 흥덕 가족이기를 소망합니다. 오늘도 파이팅입니다.^^

아이들과의
문자메시지에서
배웁니다

예전에 담임을 할 때부터 아이들과 학부모에게 가끔 문자메시지를 보내곤 했습니다. 문자메시지는 편지처럼 긴 글이 아니어도 서로 안부를 물으며 소통할 수 있는 좋은 수단입니다.

길고 긴 방학 동안 우리 아이들은 어찌 지내고 있을까? 다른 학교와 달리 우리 학교는 보충수업에 참여하는 아이가 많지 않습니다. 그리고 도서관을 개방하지만 실제로 이용하는 아이는 적습니다. 그래서 방학에도 줄곧 학교에 나가지만 정작 아이들을 만나는 경우는 흔치 않습니다. 건강하게 지내고 있는지, 책은 좀 보고 있는지, 혹 무슨 사고가 난 것은 아닌지. 많이 궁금하던 차에 새해를 핑계 삼아 아이들에게 문자를 보냈지요. 가지고 있는 아이들의 전화번호가 절반이 조금 넘으니 70여 명에게 보낸 듯합니다.

'새해엔 큰 뜻 세우고 좌절하거나 절망하지 않고 당당하게 부단히 도 전하는 자랑스러운 홍덕인 되삼 – 이샘 –'

제법 많은 아이가 답 문자를 보냈습니다. 20여 명에서 한둘 빠지지 않았을까 싶습니다. 그런데 내용이 하나같이 짧습니다.

'오킹! 쌤도 올해 더욱 홧팅♥'
'알겠삼'
'교장쌤도 새해 복 많이 받으세요~~올해는 속 그만 썩이고 열심히 학교 다니겠습니다!'
'넹'
'누구?'

글자 수 제한에 맞추어 꽉 채워 보냈건만 그저 부탁을 들어준다는 정도의 '넹', '넵' 등도 있고 '알았다'는 답변이 꽤 있습니다. 순간 괜히 보낸 것은 아닌가 싶기도 하고 서운한 마음이 들기도 했습니다. 하지만 그게 요즘 아이들이지요. 참견하는 것도 싫고 참견받는 것도 싫고, 그저 하고 싶은 말만 하고, 좋고 싫은 것이 분명한 아이들입니다.

아이들을 관념적으로 이해하지 말아야겠습니다. 입으로 가르치기보다는 몸으로 가르쳐야겠습니다. 아니 가르치기보다는 배워야겠습니다. 그들을 이해하기 위해서는 그들의 삶 속으로 깊이 들어가야겠습니다. 교사教師가 되지 말고 교사交師가 되어야겠습니다. 오늘 아이들의 문자 메시지를 받으며 다짐한 생각들입니다.

선생님들께 드리는
어려운 부탁

날이 꽤 춥지요? 거기에 아이들 만나러 교실 들어가려면 더 춥다는 생각이 들겠다 싶습니다. 아무리 깨워도 일어나지 않은 아이들, 깨우면 짜증 내는 아이들, 깨우면 욕설 머금고 중얼거리는 아이들. 그 무표정하고 무기력한 모습을 보는 것만으로도 가슴이 서늘해지고 아려 올 때가 있지요. 이건 아니다 싶은데 딱히 방도는 없고 그저 발만 동동 구르게 되지요. 누구인들 해결 방법을 알고 있겠습니까? 이렇게 하면 된다고 자신 있게 말할 수 있는 사람이 누가 있을까요? 제 생각엔 아무도 없지 않을까 싶습니다. 우리 모두가 함께 고민하고 함께 대안을 찾아보고 함께 실천하는 수밖에요.

우리는 모두 좋은 선생님이지요. 이런 선생님들 어디에도 안 계시지요. 때론 그 '좋은 선생님 신드롬'이 우리의 발목을 붙잡기도 합니다. 하지만 저를 포함해 우리는 모두 자식 키우는 아비이고 어미이고 또 삼촌

이고 숙모이니 또 다른 부모 되자는 이야기가 그리 공허하지는 않을 것 같습니다.

사랑하고 존경하는 선생님! 어려운 제안을 하나 합니다. 제가 모든 교실에 들어가는 것은 다음으로 미루고 진로 체험하는 금요일 4교시에 시청각실에서 '누가 성공하는가?'를 주제로 전체 아이들 대상으로 특강을 하려고 합니다. 우리 학교의 철학과 비전을 다시 새기며, 어려움 이겨내고 여기까지 올 수 있도록 함께 애써준 아이들에게 잔소리 조금하고 칭찬과 격려 많이 하려고요. 건강하고 아름다운 전통을 만들기 위해 다시 일어나자 호소해보려고 합니다.

수업권을 빼앗는 것 같아 죄송하지만 선생님들이 아이들과 만들어가는 한 시간의 수업과 같은 마음으로 이야기하는 것이라 여겨주시고 그 자리 함께해주시길 부탁드립니다. 담임선생님 중에도 4교시 수업 없으신 분들께는 모처럼 쉬는 시간이라 죄송하지만 함께해주시면 교육 효과가 더 크지 않을까 싶습니다.

또 다른 제안입니다. 교실에서 관계가 안 되는 아이들은 교실 밖에서 관계를 맺고 들어오는 수밖에 없지 않나 싶습니다. 점심과 저녁때 데리고 나가 떡볶이도 먹고 저녁을 함께 먹거나 영화를 같이 보는 것도 좋을 것 같습니다. 그때 들어가는 비용이나 아이들 아르바이트하는 곳에 방문하실 때 필요한 비용은 학교장 업무추진비를 사용하시면 됩니다. 그리 조치해 놓겠습니다.

아이들 만나는 일에 정답이 있을 리 없지요. 그래서 더 힘들지요. 머리 맞대어 보자고요. 저도 더 부지런히 아이들 만나겠습니다. 힘내시고 연대의 힘으로 추위 이기시는 하루 되시길 바랍니다.

└, 교사 A: 요즘 2학년 아이들의 수업 모습을 보고 크게 실망하셨죠? 저도 매번 어찌해야 할 바를 모르고 헤매고 있습니다. 수업 시작과 함께 엎드리는 아이들을 볼 때마다 가슴이 답답해지고 어떻게 하면 아이들을 수업으로 들어올 수 있게 할지 고민하다가도, 종소리와 함께 교실에서 나오는 순간 약간의 안도감과 함께 많은 것을 잊게 됩니다. 고백하자면, 그동안 아이들이 수업에 들어오지 못하는 게 교사가 아닌 아이들의 탓이라고만 생각했습니다. 그러다가 문득 흥덕의 교사이면서 흥덕의 방식이 아닌 이전의 방식으로 아이들을 생각하는 저를 발견하고는 깜짝 놀랐습니다. 새로운 학교를 꿈꾸면서 저 자신은 전혀 새로워지지 못했다는 걸 알았습니다. 2학기 들어 무너지는 수업 분위기에 아이들에게 잔소리만 하고 있었습니다. 교장 선생님 말씀대로 교실 밖에서의 관계를 맺으려고 애쓰지도 않았고요.

흥덕에 올 때는 '한 명의 아이도 배움으로부터 소외되지 않는 수업'을 하리라 다짐했는데 조금 힘들다고 이런 생각을 하고 있다니 참 부끄러웠습니다. 경력도 있는데 나잇값도 못하고 갈팡질팡하고 헤매고 있는 교사의 변명이고 넋두리입니다. 아이들이 수업에 참여하도록 하기 위해 업무추진비까지 내주시겠다는 글 보고 가슴 한켠이 짠해 왔습니다. 간담회도 열고 상담도 하시고 늘 애쓰시는 교장 선생님께 '2학년 수업 분위기'에 대해 저도 고민하고 있다는 말씀을 드리고 싶어 못 쓰는 글을 몇 자 적어보았습니다. 워낙 말재주도, 글재주도 없지만 함께 노력하겠다는 다짐의 글이라고 생각해주세요.

흥덕의 교사로서 부끄럽지 않도록 노력하겠습니다. 좋은 오후 보내세요^^

묵묵히
뚜벅뚜벅

지난해 EBS의 '학교란 무엇인가?'에 흥덕고 이야기가 방송되고 나서 이런저런 뒷말이 무성했습니다. 안타깝기도, 속상하기도, 야속하기도 했습니다.

학교란 무엇일까? 교사는 어떻게 아이들을 만나야 할까? 가볍지 않은 담론에 대해 되돌아보니 저 역시 깊은 고민이 부족했던 것 같습니다. 교육 효과보다는 선발 효과에 기대는 오랜 시간 견고하게 굳어진 왜곡된 관행의 문화 속에서 학교가 본래의 모습을 회복하려면 교사가 아이들을 만나는 방식에 변화가 필요하다는 방송 기획에는 전적으로 동의합니다.

하지만 학부모는 힘든 아이들을 학교가 품고 가야 한다고 생각하면서도 정작 자신의 아이는 그 학교에 보내지 않습니다. 교사도 힘들고 어려운 아이들을 학교에서 안고 가야 한다고 주장하면서도 정작 본인은 말 잘 듣고 규칙을 잘 지키며 열심히 공부하는 아이들을 만나고 싶어합니다.

이런 현실에서 아이들의 삶이 날것으로 공개되고 학교의 무기력한 모습이 그대로 방송될 때 학교와 그 구성원들이 받아야 하는 상처가 만만치 않습니다. 학부모들도 아이들도 방송국에 항의해야 한다고 하는데 그 마음 이해가 됩니다. '선생님들은 불쌍하게 나왔고 아이들은 못된 놈들로 나왔다'는 볼멘소리에는 가슴이 아릿합니다.

EBS 방송 이후 모든 언론과의 접촉을 삼가왔습니다. 괜히 다른 사람들의 입방아에 오르내리는 것이 부담스러웠지요. 하지만 거듭되는 요청으로 촬영하기로 했고 내일 아침 일요특선 SBS다큐 시간에 '우리들의 행복한 학교'라는 제목으로 우리 학교 이야기가 한 시간 동안 방송이 됩니다.

학부모와 아이들의 우려가 많았습니다. 지난해 EBS 방송을 통해서 확인된 130년의 왜곡된 학교문화와 현실의 간극에서 오는 아픈 기억 때문입니다. 저도 우려가 없는 것은 아닙니다. 그러나 그것은 '혹 지금 가는 길에 대한 확신이 부족해서 생기는 우려가 아닐까?' 하고 저 자신을 되돌아봅니다. 한 사람이 먼저 가고, 걸어가는 사람이 많아지면 그것이 곧 길이 된다 하였습니다. 다른 사람들에게 어떻게 비치든 묵묵히, 뚜벅뚜벅 우리의 길을 걸어갔으면 합니다.

내 안의 민주성

계절이 앞서고 뒤서고 하다가 아예 수상쩍은 모습으로 지나갑니다. 학교 행사가 있어 모처럼 양복저고리 걸쳤더니 견디기 어려울 정도로 불편합니다. 그래도 쉬는 날 앞두고 있으니 무엇인들 못 견디겠습니까?

운동장 조회대에서 연극반 아이들이 게임을 하며 깔깔대고 웃는 소리가 창을 타고 들어옵니다. 선풍기보다 더 시원하게 느껴집니다. 아이들 웃음이 그치지 않는 학교이면 좋겠습니다. 아마 저리 웃게 하려면 담당 선생님이 탄탄하게 수업을 디자인하지 않으면 어렵지 않을까 싶습니다. 자신 있고 당당하게 진행하지 않으면 아이들이 잘 따라오지 않을 테지요. 그만큼 관계가 신뢰롭고 넉넉해 보여 좋습니다.

흥덕고 아이들로, 흥덕고 교사로 서로 건강한 관계 맺기를 한다는 것이 어떤 것인지에 대한 고민이 필요하지 않은가 싶습니다. 처음 개교를 했을 때에 비해 학생 수도 늘고, 선생님도 많이 늘어 다소 어려움이 있지만 우리가 지향하는 방향이나 원칙은 흔들리지 않았으면 합니다. 설령 교육관이 다르고, 지금껏 살아온 모습이 달라도 우리가 어렵게 만들고 지켜온 홍덕고의 철학과 비전, 그 기저를 더욱 발전시켜 나갔으면 합니다.

저는 우리 학교가 책임과 권리를 분담하는 '민주적 자치학교'였으면 합니다. 시스템을 그리 만들고 교사를 비롯해 학생과 학부모가 동등하게 참여하고 민주적 운영이 보장되는, 그래서 모두가 학교의 주체라고 인식할 수 있는 그런 학교였으면 합니다.

아무리 시스템으로 보장되어도 구성원들이 잘 참여하지 않거나, 자신의 의견과 상반된다고 결정 자체를 인정하지 않으려고 하거나, 요구는 적극적이지만 책임분담은 소극적이면 민주적 자치공동체는 요원하기 마련입니다. 그런 의미에서 저를 포함해 우리가 모두 각자의 민주성을 회복하는 것이 매우 중요합니다. 학교의 철학을 존중하고 지지하고, 그 정신을 지키기 위해 교육활동 과정에서 자기 책임을 다하는 성실성을 갖고, 자기 의사를 분명하게 표현하고 설령 의견이 달라도 다음 의사결정 때까지는 존중해서 함께하고, 조직의 명예를 자기 인생의 한 부분으로 받아들이는 것이 매우 중요하다고 봅니다.

아이들이 하지 말았으면 하는 행동들은 교사들도 당연히 하지 말아야 합니다. 어른이기 때문에, 교사이기 때문에 괜찮다는 것은 큰 문제이지요. 우리 스스로가 민주성에 한계를 보이면 구성원이 연대감이나 소속감을 느끼기 어렵고 열정적으로 함께 일할 마음도 들지 않게 되지요. 저의 착각인지 모르지만 우리 학교에서는 교장, 교감을 비롯한 모든 선생님에게 복무의 자율성이 많이 보장된다고 생각합니다. 그런 자율성이 우리의 교육력을 높이는 데 기여하지 못하고 다른 선생님들의 열정을 흔들어 놓는다면 큰 문제일 것입니다.

요즘 아이들이 등교하는 모습을 보면 복장이 미흡하거나 지각하는 아이가 조금 늘어서 걱정이 많습니다. 또 수업시간에도 밖에서 배회하는 아이가 제법 있습니다. 그런데도 아이들은 복장에 대해, 규제에 대해 더 많은 자율을 요구하며 불평을 늘어놓습니다.

저도 그렇고 선생님들도 아이들도 스스로 되돌아보는 시간을 가지면 어떨까요? 내일은 현충일이고 다음 주 수요일에도 다른 일정이 꽤 있어서 당분간은 시간 잡기가 어렵네요. 퇴근 시간이 좀 늦어지더라도, 아니면 저녁을 먹고서라도 한번 터놓고 이야기 나누는 시간을 갖고 싶습니다.

누가 온다고 해서 청소를 하거나 다른 때 하지 않던 일을 하는 것, 정말 싫지요? 저도 그렇습니다. 우리는 그렇게 하지 말자고요. 있는 모습 그대로, 그렇지만 당당하고 자랑스럽게 보여줄 수 있도록 평상심으로 그리 살았으면 합니다. 어떤 정책도 우리의 직업적 존엄과 우리가 아이들과 만나는 일상적 삶의 모습을 뛰어넘을 수 없다고 생각합니다.

늘 치열하게 아이들을 만나는 선생님들의 열정에 감사드립니다. 내일은 모처럼의 주중 휴일입니다. 모든 것 내려놓고 푹 쉬자고요. 오늘 행사 치르느라 고생하셨습니다. 고맙습니다.

다시
어깨 걸고

가을 햇살이 참 따사로운 날, 혁신학교 평가받느라 고생하셨습니다. 누군가로부터 평가를 받는다는 것은 여간 부담스러운 일이 아니지요.

견고하게 굳어진 왜곡된 학교 문화를 바꾸어 그 원형을 회복하겠다는 대장정의 초입에서 우리의 땀과 눈물, 그 치열한 삶의 과정을 하루에 평가 받는다는 것은 옳지도 않고 가능하지도 않습니다. 긍정적 결과든 아니면 부정적 평가든 우리를 공정하게 평가할 수 있는 사람은 아이들이요, 학부모요, 누구보다도 우리 자신입니다. 그렇기에 그간의 시간이 부끄럽지 않다 자신하며 결과에 신경 쓰지 않으려 합니다.

고맙고 감사합니다. 특히 행정 서류 꼼꼼하게 챙겨주시느라 누구보다도 애쓰셨을 부장님들 큰 고생 하셨습니다. 하필이면 평가단의 수업 참관이 예정되어 있던 3교시에 수업을 하신 선생님들 마음 많이 쓰셨지요? 아무리 깨워도 이내 잠들어 버리는 아이들 때문에 많이 무안하셨을 선생님들 큰 고생하셨습니다. 좋은 날 면담에 참여해주신 학부모님들, 번거로운 일 떠맡으신 행정선생님들, 어느 때보다 부지런히 청소해주신 환경 어머님들 모두 모두 고맙습니다.

어제 페이스북에 오늘 평가가 있는 날이니 더 이상 외부의 따가운 시선을 받지 말자며 교복 단정하게 입고 등교하고 수업시간에도 눈 비비며 참아보자는 어느 2학년 아이가 쓴 글은 가슴 짠했습니다. 점심시간에 평가위원들과 운동장에 나갔다가 3학년 소연이를 만났습니다. 홍덕에서 가장 힘들었던 순간을 말해달라고 하자 소연이는 이렇게 말했습니다.

"우리 학교의 가치와 철학은 함께 더불어 행복하게 사는 것입니다. 좋은 선생님, 좋은 친구들과 그간 그렇게 살아왔는데 3학년이 되어 대학입시를 눈앞에 두니 옆의 친구가 경쟁자로 보이고 그 친구가 대학에 떨어져야 내가 붙는 것 아닌가 싶은 끝 모를 욕심이 저 밑에서부터 스멀스멀 올라와 그것을 참아내는 것이 가장 힘들었어요."

옆에서 그 이야기를 듣다가 그만 주책없이 눈물을 흘리고 말았습니다. 잘 컸구나, 잘 성장했구나. 함께 지내며 야속한 일, 속상한 일 많았을 테지만 아이들 삶에 오롯이 살아있는 그 가치들. 그렇습니다. '더불어 함께 사는 삶'만큼 교육적 목표가 분명한 문장은 없습니다. 더불어 함께 산다는 것은 나 개인의 욕구를 자제한다는 것입니다. 좀 더 쉽고 편한 길을 선택하려는 욕구, 내 것을 더 많이 챙기려는 욕구를 자제하지 않고는 더불어 함께 사는 삶은 있을 수 없습니다. 민망하게 옆에 있던 혜린이가 왜 우느냐고 물어 부끄러워 혼났습니다.

존경하는 여러 선생님!

그동안 못 챙긴 것 참 많지요. 외면한 것도 있을 것이고요. 저 역시 그간의 관행에 슬쩍 내 몸 맡기려 한 적도 있음을 고백합니다. 다시 되돌아보자고요. 자유의 반대는 구속이 아니라 관성이라고 하더군요. 구속은 벗어나면 그만이지만 관성은 끝임없는 성찰로 극복할 수 있다지요. 나는 주변을 힘 나게 하는 사람인지, 아니면 좌절하게 하는 사람인지, 여전히 말과 논리로만 살아가고 있는 것은 아닌지 저부터 살피겠습니다. 선생님들이 힘내시도록, 아이들이 용기 갖도록 많이 노력하겠습니다.

교육은 가을 햇살에, 바람에 곡식이 익듯 그렇게 천천히 오는 것이며 가르치는 것이 아니라 함께 성장하는 것임을 다시금 가슴에 담아봅니다. 고맙습니다. 수고하셨습니다. 그렇게 걸어왔듯 앞으로 뚜벅뚜벅 그리 어깨 걸고 함께 정진할 수 있기를 소망하며 감사한 마음 전합니다.

사랑 하나쯤
품고 왔으리라

지난해 여름방학 워크숍에서 아이들의 규정 위반에 대한 성찰에 대해 밤늦도록 토론했습니다. 토론 끝에 흡연을 하거나 무단 결과 등 규정을 어기면 처음에는 선생님들과 한 시간 함께 운동장을 뛰고 두 번째에는 두 시간을 뛰기로 했습니다. 뛰는 것이 힘들면 걷고 그것도 힘들면 운동장 한켠에 주저앉아 이야기 나누자는 것이지요. 규정을 어기는 것이 쌓이면 교사와 함께 지리산을 종주하기로 했습니다.

지난 금요일부터 무박 2일로 지리산 종주가 있었습니다. 스무 명 남짓의 아이들, 다섯 명의 선생님과 함께 저도 다녀왔습니다. 사실 지난해에 함께 다녀와서는 며칠 동안 무릎과 허리 통증으로 고생한 터라 괜히 여러 사람 불편하게 하는 것이 아닌지 조심스러웠습니다. 하지만 어찌 되었든 한 번은 다녀와야 할 듯싶어 큰 용기 냈습니다.

새벽에 도착하니 별빛이 무리 지어 쏟아집니다. 그렇게 감상에 젖어

중산리를 출발했습니다. 우리나라에서 가장 높은 곳에 있는 절이라는 법계사를 거쳐 남강의 발원지인 천왕샘 따라 찬바람 몰아치는 천왕봉에 올랐습니다.

새롭게 나무와 풀꽃의 이름들을 알아가는 것도 좋았지만 무엇보다 학교에서 보지 못했던 아이들의 새로운 모습에 흐뭇했습니다. 바윗길 오를 때 쑥스러운 듯 불쑥 내밀던 아이의 손길을 잊지 못합니다. "선생님 손 놓지 마라" 부탁하면서 나도 아이들 손 놓지 말아야지 다짐해봅니다.

나는 교문 앞 스토커입니다

장터목에 내려와 간단히 요기하고 참샘을 거쳐 백무동을 돌아오는, 총 11시간의 긴 장정이었습니다. 평소 운동을 하지 않은 탓이겠지만 무릎이 시려오고 발바닥이 후끈거리며 온몸을 짓누르는 피곤이 엄습해 돌아오는 버스에서는 곤하게 잠들 수밖에 없었습니다. 하지만 미끄럽고 돌부리 여기저기 걸리는 길, 저기가 끝이기를 바라보지만 영락없이 나타나는 더 험한 길을 오르면서 '그래 이것이 삶이다'라는 큰 깨달음을 얻었습니다.

한 발, 한 발 내딛으며 앞으로 살아가면서 만나게 될 어려움과 고통, 청아한 물소리 내며 흐르는 물줄기에 씻어내며 떠오르는 해에 사랑 하나쯤 품고 왔으리라 확신합니다.

또 다른 한 주를
시작하며

또 다른 한 주를 시작하는 월요일입니다.

학교 일과 개인 일을 엄격하게 구분하며 살아야지 싶은데 지난 주말에도 내내 학교와 아이들 생각을 떨치지 못한 것 같습니다. 홈피에 들어가 아이들이나 학부모가 쓴 글에 댓글을 달면서 마음이 무겁기도 하고 한편으로는 새로운 희망을 보기도 했습니다. 선생님들은 어떻게 주말을 보내셨는지요?

쉬지도 못하고 지리산에 다녀오신 선생님들, 지리산 가는 아이들 배웅하기 위해 늦게까지 함께해주신 선생님들 고생 많으셨습니다. 또한 학교의 다른 일로 쉼의 방해를 받으신 선생님도 모두 고생하셨습니다.

홈페이지를 보니 통합기행을 결정하는 과정에서 소외되는 아이가 제법 많은 듯합니다. '왜 선생님들이 준비해야 할 통합기행 계획서를 아이들에게 쓰게 하느냐?' '평생 학교 다닐 때의 가장 큰 추억이 수학여행인데 그 추억을 빼앗아 가는 것이 혁신학교냐?' 근거도 없고 명분도 없는 학부모의 항의에 아연실색하게 됩니다. 그러나 어느 모둠에도 쉽게 끼어들지 못하고 이 모둠, 저 모둠 기웃거리다 속상한 화풀이 집에 가 부모님에게 하니 그 이야기를 들은 부모님들의 마음은 당연히 아프겠다 싶습니다. 70개가 넘는 중학교에서 모인 아이들, 한 학교에서 한두 명이 온 경우가 많은데 사전에 교사들이 충분히 준비하고 아이들이나 부모님들의 마음을 더 살펴야 하지 않을까 싶습니다.

통합기행은 아이들에게 힘들어도 교통편이나 숙박 장소, 여러 일정 등을 직접 계획하고 추진해 보면서 삶의 동력을 키워보고자 기획한 우리 학교의 주요 교육과정입니다. 앎과 삶의 일치를 위한 프로그램이지만, 아직 선생님들도 풍부한 사례를 가지고 있지 않고 아이들도 그러할 테니 여기저기서 불평과 불만이 있을 수 있겠다 싶습니다. 민주적 원리와 과정을 중시하는 우리 학교의 가치가 아이들과의 만남, 학부모와의 만남 등 우리의 삶 구석구석에 오롯이 스며들었으면 좋겠다는 바람을 가져봅니다.

여러 불평에 너무 마음 상하지 않았으면 좋겠습니다. 다만 미처 생각하지 못했거나 살피지 못했던 것들에 대한 지적일 수도 있으니 그런 이야기는 귀로 듣지 말고 마음으로 들었으면 합니다. 학교를 바로 세우는 일, 그 중심에 선생님들이 계십니다. 그래서 선생님들이 우리 학교, 우리 교육의 희망입니다. 따뜻한 선생님들의 온기로 이번 한 주도 학교에서 웃음소리 넘쳐나기를 진심으로 기원합니다.

함께 머리 맞대고 고민해요

위탁 나간 아이들을 만나고 왔습니다. 햇살 좋은 봄날에 학교를 벗어난다는 것만으로도 기분이 좋았지만 진영(가명)이와 윤진(가명)이가 학교에서 보던 모습과 많이 다르고 다소 쑥스러워하면서도 내심 반가워하는 모습에 가슴 짠했습니다.

아이들은 내게 어떤 존재일까? '교사'라는 이름으로 처음 아이들을 만났을 때의 가슴 설렘이 아직 남아 있는지 내게 묻고 답하곤 합니다. 가끔 정적이 흐르는 교장실에 앉아 무엇 때문에 이리 마음고생 하고 몸고생하는지 회의할 때가 있습니다. 모두 힘들다고 하는데 사실 나도 힘들다고 하소연도 하고 싶습니다.

힘들고 어려운 아이들 우리 학교로 전학 보내려고 하면서 '혁신학교가 뭐 힘든 아이들 가려서 받느냐', '돈으로 하는 혁신학교는 누군 못하냐'고 참 얼굴도 두껍게 비아냥거리는 주변 사람들이 야속합니다. 하지만 내가 꿈꾸던, 교사로서 아이들 앞에 당당하고 싶었던, 교사로서의 자존심 곱씹으며 교무회의 시간에 일어나 큰소리 내던, 그 초심 마음에 담고 늘 다시 시작하는 마음으로 아이들을 만나자 다짐하곤 합니다. 아이들과 죽음의 길까지 함께한 야누스 코르착의 길 따라갈 수 있도록 나 자신을 더 연마해야겠다 여기면서 말입니다.

모두들 학교가 변해야 한다고 합니다. 교사는 학부모와 아이들을 탓하지만 학교 밖의 사람들은 학교와 교사를 바라보며 변해도 한참 더 변해야 한다고 말합니다. 일 년에 수차례 학부모들에게 우리의 수업을 공개하고 평가받는 것은 옳고 그름을 떠나 이제는 어쩌지 못하는 일상이 되었습니다.

예전처럼 '교사'라는 이름만으로 학부모에게 권위를 인정받던 시대는 분명 아닙니다. 이제 동료와 머리를 맞대고 우리가 어떻게 변해야 하는지를 가슴 아프게 고민해야 하는 시기입니다. 우리 학교 선생님들은 학부모들에 대한 불평보다는 '나는 이렇게 학부모와 아이들을 만났으면 합니다'라고 제안하고 실천하면 좋겠습니다. 학교장의 판단이나 아이디어보다는 여러 선생님의 제안과 능동적 참여와 협업으로 만들어가는 학교, 그것이 우리 학교와 우리의 교육을 살리는 것이라고 확신합니다.

다시 마음에
새겨야 할 것들

하루하루 아이들을 만나는 과정이 많이 힘드시지요?

오랫동안 관습적으로 이뤄지던 생활지도 방식의 틀을 깬다는 것이 얼마나 어렵고 힘든 일인지 잘 알고 있습니다. 하지만 학교가 그 원형을 회복하기 위해서는 보다 근본적인 고민과 시대의 흐름에 맞는 교육 방식이 반드시 필요합니다. 두발 상태, 치마 길이, 간단한 장신구 부착 여부 등이 교육의 본질이라고 생각하는 선생님들은 아무도 안 계실 것입니다.

헌법 제10조에 모든 국민은 인간으로서의 존엄과 가치를 가지며, 행복을 추구할 권리를 가진다, 국가는 개인이 가지는 불가침의 기본적 인권을 확인하고 이를 보장할 의무를 진다고 되어있습니다. 우리 모두는 그것을 신성불가침한 것으로 생각합니다. 학생은 교복을 입은 국민입니다. 학교는 국가의 역할을 수행하는 것이지요. 그런 의미에서 학교를 헌법에 부합하는, 행복한 삶을 누릴 수 있는 공간, 친인권적인 공간으로 만들어가야 한다고 생각합니다.

저는 친인권적인 학교문화를 만들어가기 위해 우리 선생님들이 다시 마음에 새겨야 할 몇 가지를 제안하고자 합니다. 우선 아이들을 바라보는 관점의 전환이 필요하다고 봅니다. 통제와 관리의 대상이 아니라 함께 배우고 성장하는 존재로 아이들을 보아야 합니다. 텍스트의 내용만 전달하는 것은 이제 교사가 아니어도 얼마든지 해결할 수 있는 시대입니다. 특정 분야에서는 오히려 아이들이 교사보다 뛰어나기도 합니다. 따라서 텍스트의 내용을 재구성하고 그것을 아이들과 고민하며 삶을 나누고 함께 성장하려는 노력이 필요합니다. 선생님들의 전문적인 성장을 위해 학교에서 연수를 조직하도록 하겠습니다.

둘째로 다양한 수업 방법을 통한 수업 혁신과 선택의 폭을 넓혀주는 교육과정을 구축해야 합니다. 교과부 발표에 따르면 학교에 적응하지 못하는 아이들이 30% 정도 된다고 합니다. 적성과 재능이 각기 다른 아이들이 한 교실에서 똑같은 일제식 수업을 듣는 것이 일부 아이들에게는 매우 힘든 일이며 수업하는 교사와의 갈등이 불가피합니다. 협동학습, 배움의 공동체 수업, 참여소통의 수업 등 아이들이 참여할 수 있는 다양한 수업 방법을 고민해야 합니다. 또한 필요에 따라 선택의 폭을 넓혀주는 개별화 교육과정이 반드시 필요하다고 봅니다.

셋째로 지금까지의 생활지도는 훈육 그 자체가 아니라 과정의 결핍에 문제가 있다고 봅니다. 왜 지켜야 하는지도 모르는 규정을 아이들에게 강요해왔던 측면이 있습니다. 규칙을 정하는 데 아이들이 좀 더 적극적으로 참여하여 자기의 입장을 이야기할 수 있을 때 책무성도 높아집니다. 학교의 큰 단위에서는 아이들이 참여할 기회가 적을 수밖에 없습니다. 학급회의를 상설화하여 우선순위에서 밀리지 않고 정해진 시간에 꾸준히 학급회의가 열릴 수 있도록 보장해야 합니다. 저도 노력하겠습니다.

넷째로 참여와 소통의 학생 자치문화의 활성화를 통해 학생 역량을 강화하는 것이 필요합니다. 축제, 입학식과 졸업식, 기타 학교행사를 아이들이 직접 기획하고 진행하고 평가까지 하는 과정을 통해 스스로 성장하는 힘을 갖도록 여건을 만들어주어야 합니다. 교내 흡연이나 집단따돌림 등의 현안에 대해서도 학생자치회를 통해 해결 방안을 모색할 기회를 주어야 합니다. 그렇게 하는 것이 교사가 직접 개입하는 것보다 더 큰 힘을 가질 수 있습니다.

우리 아이들이 인권감수성이 풍부하고 존중과 배려로 살아가는 흥덕고등학교 교사들의 모습을 닮아 성장하기를 소망합니다.

우리는 준비가 되어 있을까?

며칠 전 좋은 햇살 받으며 아이들이 땀 흘려 공차는 모습을 보는데 마음이 울컥했습니다. 살아있다는 것만으로 행복할 수 있구나 싶었습니다. 작은 것에도, 보이지 않는 것에도 그리 감사하며 살아야지 생각했습니다. 쉽지 않지만 그랬으면 좋겠습니다.

엊그제 교원업무경감과 관련한 설문조사를 하면서 문득 든 생각입니다. 교원업무경감은 그 자체가 목적이 아닙니다. 수준 높은 교육, 질 높은 교육을 위한 과정이지요. 지금껏 여러 행정 업무 때문에 교사 본연의 일을 못 하게 된다고 호소해왔고 교육청에서 그 방법에 대한 지원을 고민하며 제도적 개선을 시도하고 있습니다.

지난해 5월 어느 교육청에서 수업혁신을 위한 업무경감 아이디어 공모를 위해 사이트를 개설했다가 네티즌으로부터 몰매를 맞고 사이트를 폐쇄했던 기억이 있습니다. 방학과 놀토, 4시 반 퇴근이라는 좋은 조건을 가진 직업이 교사 말고 또 어디 있느냐는 거지요. 억울한 부분이 없진 않지만 어찌 되었든 세상에서는 교사를 그리 보는 것 같습니다.

사실 저는 살짝 두려워집니다. 행정전담 선생님들이 배치되어 업무가 경감되었을 때 우리 교사는 교육과정을 재구조화하고 평가를 통하여 아이들과 삶을 나누는 행복한 수업을 만들어갈 수 있을까 하는 것입니다. 그런 수업을 만들어 내겠다는 의지와 열정이 우리에게 있느냐 하는 것입니다. 업무경감 이후 수업에 대한 부쩍 커진 부담을 스스로 감내하며 교사로서의 자존감으로 행복해할 수 있을까 하는 것입니다.

우리는 그런 수업을 만들 준비가 되어 있을까? 아직 할 수 없다면 그 이유는 무엇일까? 내가 할 수 있는 역할은 무엇일까? 스스로 던진 질문들이 크고 무겁게 가슴을 누릅니다. 선생님들의 생각은 어떠세요?

어제는 제 마음이 좀 오락가락했습니다. 지난번 수업비평회 때에도 선생님들 참석이 늦어져 여러 차례 방송을 했던 기억이 있는데 어제도 몇몇 선생님이 비평회에 참석하지 못하셨습니다. 여러 사정이 있겠지만 적어도 참석하지 못하는 이유를 담당 부장님이나 교감 선생님이 알고 계셨어야 하는 것 아닐까 싶습니다.

우리가 제안 수업을 하고 함께 수업비평회를 갖는 이유는 서로의 수업을 보면서 배울 것은 없는지, 또 내 수업과는 다르게 아이들이 어떻게 수업에 참여하는지를 보며 각자의 수업을 성찰하자는 것입니다. 따라서 수업비평회는 배우고 나누는 건강한 교사문화를 통한 우리 학교 성장의 주요 기제입니다. 급한 일이 아니라면 꼭 참석해주시고 집중해주십사 부탁드립니다.

모든 선생님들께서 관심은 갖고 계셨겠지만, 학교설명회에 교무부장님을 비롯한 몇몇 선생님만 고군분투 하시는 모습이 안타까웠습니다. 모든 선생님이 우리 학교의 주체입니다. 협력의 학교문화는 우리 학교의 자랑입니다. 아이들에게 상처받아도 동료 교사에게 치유 받는다는 어느 선생님의 말씀처럼 나보다 더 힘든 동료를 살피는 것이 우리 학교의 교사문화입니다. 어디를 가도 늘 자랑스럽게 이야기하고 있습니다. 늘 감사하는 마음 전합니다.

선생님의 댓글

└ **교사 A:** 교육과정 재구조화, 내용과 평가를 통한 아이들과 삶을 나누는 행복한 수업. 쉽지 않지만 분명 가야 하는 길임은 저도 공감합니다. 지금 보이는 학교 안의 여러 모습 그리고 그 안의 제 모습. 어쩌면 깨지고 부딪히면서 제가 직면하고 아프지만 또 이겨내야 하는, 온전히 제 몫으로 남겨진 과제라고 생각합니다. 혁신학교, 좋은 학교에 왔다고 어느 날 갑자기 혁신적인 교사, 좋은 교사가 되는 것은 아니겠지요. 이렇게 교장 선생님께서 서운한 마음과 더불어 격려와 응원의 마음 보내주시고 제 안의, 우리 안의 모습을 돌아보면서 하나씩 성찰하고 다듬어가는 이 과정이 혁신과 변화의 가장 중요한 첫걸음이 아닐까 싶습니다. 감사합니다. 노력할게요. 교장샘도 힘내시고 남은 오후 편안하게 보내세요! 항상 응원합니다. ^^

우리에게
더 많은 고민과 실천을
요구합니다

시험이 끝난 주말이지만 여전히 바쁜 일 쌓여있어 마음 편히 쉬지 못하셨으리라 생각합니다. 저는 오래전 함께 근무했던 마음 좋고 넉넉했던 퇴임 교장 선생님이 큰 병을 앓으셔서 병문안을 다녀왔습니다. 오래전이기도 하고 함께 근무한 기간이 짧아 혹 기억하지 못하시면 어쩌나 싶었는데 병색이 완연한 초췌한 모습으로 신문에 난 저의 기사를 보고 주변 사람들에게 함께 근무했던 교사라고 자랑했다는 이야기를 하시는데 그만 눈물이 핑 돌았습니다.

혁신학교도 좋고 아이들도 좋지만 아프지 말아야 합니다. 건강보다 우선인 것은 없습니다. 아무쪼록 학교가 많이 웃을 수 있고 따뜻한 동료의 온기 많이 느낄 수 있는 행복한 삶의 공간이었으면 합니다.

선생님들 덕분에 공모제 교장 2년 동안 과분한 사랑을 받으며 흥덕고 설립 준거들을 실행에 옮겨가고 있습니다. 일부 교장 선생님의 비아

냉거림처럼 초짜 교장의 어설프고 무지한 모습을 여러 선생님의 집단 지성으로 잘 이겨내고 있다 생각합니다. 전국적인 혁신학교 열풍이 예전 열린학교나 각양의 시범학교처럼 찻잔 속의 태풍으로 그치지 않고 실제적인 학교 변혁으로 연착륙하는 데는 선생님들의 전문적인 열정과 헌신이 가장 본질적인 요소일 것입니다.

열정 없는 헌신은 무모할 수 있으며 헌신 없는 열정은 지식 장사꾼이 될 염려가 클 테지요. 교사의 이름으로 살아온 오랜 세월, 내 열정을 가로막고 내 헌신을 무위로 돌리는 온갖 제도와 인위적 장벽 앞에 늘 부끄러운 교사로 살아갈 수밖에 없었습니다. 그러나 이제 어느 정도의 제도적 뒷받침과 당당히 어깨 펴고 다가와 어깨 걸어줄 동료가 함께 있으니 식었던 열정과 헌신만 되살리면 되는 게 아닐까 싶습니다. 우리는 그렇게 2년을 보냈습니다. 그 누구에게도 부끄럽지 않다고 자부해도 되지 않을까 싶습니다.

하지만 우리에게 놓인 또 다른 2년은 더 많은 고민과 실천을 요구합니다. 아이들의 수준이나 교과교실제, 또 다른 제도들이 우리의 치열한 고민을 가로막으면 안 될 것입니다. '그것 때문에 어렵다'고 할 것이 아니라 '그렇기 때문에 이렇게 해보자'는 다양한 논의가 이루어지면 좋겠습니다. 개인적인 편안함이나 과목 또는 부서별 이기주의가 아니라 새로운 학교가 지향해야 할 큰 틀에서 선생님들의 성찰과 사유 그리고 마음속의 많은 이야기를 꺼내 놓고 함께 나누면 좋겠습니다.

이 시점에서 우리 학교의 전략적 과제는 무엇이고 어떤 세부 실천과제를 배치해야 하는지, 그 지점에 나는 어떤 자세로 복무할 것인지 등을 함께 논의하면 더없이 좋겠습니다. 동료성에 기반을 둔 자발적 힘을 믿기에 힘드시겠지만 이번 겨울에 촘촘하게 준비하여 돌아오는 새 학기는 좀 더 여유 있고 자신 있게 우리의 길을 갈 수 있으면 합니다.

 의욕적으로 추진해보고 싶었던 특색사업이 좌절되어 아쉽기는 하지만, 모든 교사들이 담임을 맡아야 하는 분반 담임제와 업무분장에 관한 선생님들의 논의 결과를 겸허히 받아들이도록 하겠습니다. 제가 충분히 설명을 드리지 못한 부분도 있고 또 선생님들이 주신 여러 지적이 일리가 있어 시간을 두고 천천히 다시 생각해보려고 합니다. 다른 학교에서는 도저히 엄두도 못 낼 일을 그래도 논의에 부칠 수 있었다는 것만으로도 자랑스럽습니다. 제가 왜 그런 제도를 시행하려고 했는지 앞으로 선생님들과 더 많은 이야기를 통해 동의받을 수 있도록 하겠습니다.

 교사와 관리자로 이분법적으로 나누지 않고 모두가 주체가 되어 학교 발전을 위한 여러 제안을 언제든 공론의 장에서 논의하고 그것을 통해 학교정책으로 결정하면 좋겠습니다. 그런 선순환 구조 속에서 우리 학교가 민주적 거버넌스를 통한 새로운 학교의 전범을 만들어나갈 수 있기를 소망해봅니다. 학년 말 업무로 바쁘지만 서로 격려하고 지지하는 따뜻함으로 이겨내시길 기원합니다.

홍덕에서 보낸
2년의 경험으로

남도 끝자락, 지리산 모퉁이 여기저기 꽃 소식 그득하건만 우리 살아가는 곳에서 봄을 느끼기엔 아직 이른가 봅니다. 하기사 아름다운 것은 쉬이 오는 법이 없지요. 참고 참아내다 보면 어느새 내 곁에 온 황홀한 봄기운에 취하게 되겠지요?

지난주엔 관리자 성과상여금 평가 자기기술서를 작성 제출하였습니다. 연수실적, 연구학교, 학교표창 유무 등을 기재하는데 낯간지럽기도 하고 부끄럽기도 하였습니다. 그런 것들이 나의 교육력과 별반 상관없음을 알기 때문입니다.

저는 학생과 학부모의 피드백을 통한 교사의 자율적 평가와 협업의 교사문화가 교사의 성장 기제라고 확신합니다. 어떤 척도를 들이대도 교사의 교육 활동을 객관적으로 평가할 수 없습니다. 그리고 그런 평가를 통해 교사의 교육력은 절대 높아지지 않는다는 것을 경험하고 있기에 S등급이든, B등급이든 저는 의미를 두지 않으려 합니다. 기분 좋다거나 서운하다는 생각조차 내 영혼을 황폐화시킬 뿐이기에 하지 않으렵니다.

교사로서의 효능감은 스스로 판단할 문제이고, 아이들의 건강한 성장을 위한 노력은 아이들과 학부모와 주변 동료가 판단해주리라 생각합니다. 적어도 지금의 교원평가는 신뢰롭지도 타당하지도 않습니다. 그렇기 때문에 노력한다고 좋은 등급을 받는 것도 아니고 노력하지 않는다고 낮은 등급을 받는 것도 아닙니다. 그저 서로 상처를 줄 뿐이지요.

어디에 내놔도 부끄럽지 않을 당당한 교사공동체 문화를 가지고 있는 자랑스러운 흥덕고 선생님들은 누가 뭐래도 성과급의 등급에 연연하지 않으리라 믿습니다. 나누면 살고, 나뉘면 죽는다 했습니다. 올 성과급 지급이 아이들과 가슴으로 만나고 몸으로 실천하며 교사로서의 자존감을 회복하는 또 다른 계기로 삼으면 어떨까 싶습니다.

간혹 아이들이나 학부모로부터 '혁신학교인데 왜 그래?'라는 말을 듣습니다. 대부분 혁신학교에 대한 몰이해나 자기 방어기제로 하는 말입니다. 자기 수준으로 이해하고, 이해하고 싶은 대로 판단하기 때문이겠지요. 그럴 때마다 일일이 설명하기에 앞서 야속한 생각이 먼저 듭니다. 선생님들도 그렇지 않으신지요?

저도 그렇고 모든 선생님이 각기 다른 학교에서 근무했으며 다른 경험을 가지고 흥덕에 모였습니다. 이전 학교의 경험이 더 좋았을 수 있습니다. 더 편했을 수도 있습니다. 그것이 교육의 본질에 가까운 것이라면 기꺼이 제안하여 함께 나누는 것이 필요하고 그런 것이 아니라면 반면교사로 삼는 것이 좋겠지요. 주체로 인정받지 못해 속상했던 경험을 바탕으로 삼아 교장의 판단과 권위로 움직이기보다는 선생님들의 고민과 결정과 실천으로 만들어지는 학교였으면 합니다. 모두 내 학교라는 자긍심과 살아나는 민주성으로 함께 결정하고 함께 책임지며 교장은 결정의 집행 과정에 대해 전적으로 책임지는 학교였으면 좋겠습니다. '이런 학교 처음 본다', '혁신학교인데 왜 이래?'라고 말하기보다는 구체적인 제안과 교사들을 조직해 문제를 해결하는 주체로서의 면모를 보여주시기를 부탁드립니다.

좋은 학교란 결코 교사의 노동시간이 적은 학교가 아니라 교사가 아이들을 많이 만나며 성장을 돕는 학교라고 생각합니다. 사정과 형편이 다르므로 부족한 부분을 서로 챙겨주고 보완하며 함께하는 교사문화가 있는 학교, 화려한 말보다는 소박한 행동이, 추상적인 관념과 표상보다는 구체적이고 현실적인 대안을 제시하는 선생님들이 계신 학교가 좋은 학교가 아닐까 싶습니다.

우둔하고 미련하여 제 앞가림 부족하지만 선생님들께서 지적해주시고 요구해주시면 어떤 일이든 즐거운 마음으로 감당하겠습니다. 성과급 문제도 그렇고, 일과 시간을 지키며 주어진 과업을 해결하는 것도 그렇고, 좋은 방안 언제든 알려주시면 고맙겠습니다. 원칙과 현실의 조화 이외에는 저도 해결 방법을 모르기에 요구만 하시면 많이 답답합니다.

홍덕고에서 보낸 2년의 경험으로 우리 아이들이 조금이라도 변하고 성장했다면 그것은 어떤 프로그램의 영향이라기보다는 선생님들께서 아이들과 치열하게 만나며 관계 맺은 결과라고 확신합니다. 그것은 존중과 배려의 다른 표현이지요. 듣기보다 말하기를 많이 하거나 단언적인 표현, 규정이나 법리적인 행정 처리, 추측이나 자의적인 해석, 개인의 선입견, 폐쇄적 주관으로 일 처리를 하다 보면 오해와 갈등이 증폭될 수 있습니다. 그것은 관계를 단절시키고 서로에게 상처로 남아 건강한 흥덕 공동체를 무너뜨립니다. 원칙과 경계 세우기를 통해 저부터 다시 흥덕고 교사로서의 자질을 새기겠습니다. 일상에서 뜨겁고 치열하게 아이들을 만나고 나눔과 성장, 존중과 배려로 동료를 만나며 나를 기꺼이 내려놓을 수 있는 것이 흥덕고 교사의 행동양식이 아닐까 싶습니다.

오늘부터 수업에서 아이들을 만나려고 합니다. 5교시에 과학실에서 1학년 8반 아이들과 '어떤 사람이 성공하는가?'를 주제로 수업을 하려고 합니다. 얼굴도 이름도 낯선 아이들과 교감 없이 수업하는 것이 어려운 일이지만 수업은 생물이라고 했으니 아이들의 역동성을 믿겠습니다. 혹 식사를 마치고 지나시는 길에 여유 있으시면 선생님들의 노하우로 한 수 지도해주시기 바랍니다.

또한 오늘부터 매주 화요일 늦은 7시에 홍덕 학부모 봄날 아카데미가 진행됩니다. 함께 배우고 성장하는 기회가 되리라 생각합니다. 뒤풀이도 있는 것으로 압니다. 평소 나누지 못한 이야기를 소담하게 풀어내는 자리 만들면 다가오는 봄날이 더 행복하지 않을까 싶습니다.

이야기가 길어졌습니다. 자꾸 이야기하고 싶어지는 것이 마음 허한 탓이라 여겨주시기 바랍니다. 힘들고 어려울수록 서로의 손 따스이 잡고 가는 든든한 동지이기를 소망합니다. 중언부언한 글 읽어주셔서 감사드립니다.

해야 할 것은
하는 학교

저는 요 며칠 개인적이라고 할 수 없는 고민을 하고 있습니다. 선생님들도 잘 알고 계시는 EBS의 '선생님이 달라졌어요' 제작진으로부터 방송에 출연해 선생님들 코칭을 해달라는 요청을 받고 있습니다. 프로그램의 교육적 성과와 의미에 공감하지만 그 프로그램이 갖고 있는 한계와 교사의 성장 기제에 대해 제 생각이 다르다고 이야기했습니다.

수업이 어려운 이유는 교사 개인의 문제이기 전에 더 근본적으로 아이의 오랜 학습 누적, 가정환경, 학부모와 아이가 갖는 정서적 요소 등 복합적인 요인이 작용하기 때문에 문제의 해결을 위해서는 시스템적인 접근을 해야 하고 동료성에 기반을 둔 학교문화로 개선하지 않고서는 수업(교실)혁신은 어렵다고 제작진에게 이야기하고 있습니다.

지난 월요일에 몇몇 선생님과 수업이 힘든 학급의 개선을 위한 작은 솔루션 회의를 했습니다. 아이들 때문에 힘이 드는 것은 교사 개인의 문제가 아니기에 함께 고민하고 함께 풀어갔으면 합니다. 적어도 흥덕고에서는 개별 선생님이 외롭게 풀어가지 않았으면 합니다. 선생님과 아이들 모두를 위해서 스스로 드러내고 함께 대안을 찾았으면 합니다. 회의에서 저는 집단상담, 개인상담과 함께 팀티칭을 제안했습니다. 저나 수업이 없는 선생님들이 함께 들어가 아이들을 도와주는 것이지요. 지금까지의 우리 교사문화로 볼 때 선생님들이 부담을 느끼실 수도 있겠지만 결코 선생님들의 수업 장학을 위함이 아니라 아이들을 돌보자는 것이니 함께 고민해보면 좋겠습니다. 다른 좋은 방안이 있으면 제안해주시고요.

요즘 교내를 순회하다 보면 마음이 묵직해집니다. 빵 봉지와 껌 종이, 씹다 뱉은 껌, 빈 음료수 캔과 우유갑 등 온갖 쓰레기와 정리하지 않은 로비 의자, 파손된 사물함 문짝 등을 어렵지 않게 발견합니다. 교실 청소 등 가장 기본적인 생활습관이 부족한 아이들에게 국어, 영어, 수학보다 더 중요한 것을 놓치고 있는 것은 아닌가 하는 생각이 듭니다.

수업의 형태에 대한 다양한 고민의 중심은 삶과 연계성이라고 봅니다. 특히 우리 학교의 수업은 그랬으면 합니다. 구체적 방법은 아이들과 수업시간에 함께 고민해보는 것도 좋겠습니다. 각 교과가 연계한 프로젝트 수업으로 청소하시는 환경 선생님들에 대한 존중과 배려의 마음도 함께 나눠보는 것도 좋겠고요. 혁신학교는 하고 싶은 것을 하면서도 해야 할 것을 하는 학교가 아닐까 싶습니다. 즉 경계가 분명한 학교지요. 경계에 대한 고민을 함께 나눠주시길 부탁드립니다.

땜빵
가능합니다

산다는 것은 마늘을 까는 것보다 열 배는 더 매운 일이라지요. 교사로 산다는 것은 아마도 백 배쯤 더 매운 일이고 제대로 된 교사로 산다는 것은 천 배, 만 배쯤 더 매운 일이 아닐까 싶습니다. 교사는 모름지기 말로, 논리로, 요구와 주장으로 사는 게 아니라 뜨거운 가슴으로, 눈물로, 치열한 실천으로 살아야 하니 아이들 만나는 우리 삶은 고단한 여정임이 틀림없을 듯합니다.

주말에 TV에서 하는 '남자의 자격'에 나왔던 희소병을 앓고 있는 예린이와 민성이의 '꿈꾸지 않으면'이란 노래를 함께 나눕니다. 배운다는 건 꿈을 꾸는 것이요, 가르친다는 것은 희망을 노래하는 것이라는 아이들의 청아한 목소리 들으시며, 교사로 살아가며 아이들을 만나는 것만으로도 행복한 하루이기를 소망해봅니다. 참 좋은 날, 혹시 정말 수업 째고(?) 싶은 샘 계시면 살짝 귀띔해주세요. 땜빵 가능합니다~~.

선생님들의 댓글

┗ **교사 A:** 어제 잡월드 관람 마치고 가정 사정으로 힘들어하는 경화(가명)와 저녁

을 먹었어요. 경화가 2학기 시작하면서 홈스쿨링 한다며 자퇴를 생각하고, 그러면

서 힘들었어요. 제가 이런 고민을 몇몇 샘께 말씀드렸더니 연극반 샘은 경화를 위

해 자리를 만들어주셨고 보건샘은 계속 상담하며 관심을 가져주셨지요. 그리고 교

장샘이 경화가 학교에 오지 않은 날 전화랑 문자 해주시고 태풍 왔던 날 경화 부탁

이니까 단축수업 하는 거라고 말씀해주셔서(물론 농담인 줄 알지만) 경화가 흥덕고

에서 자기 존재감을 많이 느꼈을 거 같아요. 한 명의 아이를 키우기 위해서는 하나

의 마을이 필요하다는 인디언 속담을 흥덕고 안에서 현실로 살아내고 있다는 사실

이 정말 뿌듯하고 든든하고 행복했어요. 늘 혼자 고민하고 전전긍긍하던 모습에서

이젠 많은 사람이 함께하고 있다는 것, 학교공동체라는 것이 이런 것이구나… 삶

으로 배웠습니다. 마음이 따뜻합니다. 늘 배우며 성장하는 ○○ 드림

┗ **교사 B:** 교장 선생님, 올려주신 영상 잘 봤습니다. 영상과 교장 선생님께서 보내

주신 글을 보다가 자꾸 눈물이 나서 감사하는 마음 전하려고 메시지 보냅니다. 제

가 뒤늦게 임용고시 붙던 날 일기장에 '앞으로 어떤 어려운 일이 있어도 오늘을 절

대 잊지 말자. 내가 얼마나 교사가 되고 싶어 했는지를 절대 잊지 말자'라고 썼는

데 최근 몇 년 동안 힘들다고 쉽게 짜증을 내고 교실 상황에 대해 한탄만 하고 주

변 동료 교사와 뒤늦게 임용된 제 처지를 비교하며 그렇게 지쳐갔습니다. 오늘 교

장 선생님이 보내신 글 중에 "아이들 만나는 것만으로도 행복한 하루이기를 소망

해봅니다"라는 말에 안일하게 묻어가고 싶었던 저를 되돌아보며 눈물이 납니다. 더

열심히 살겠습니다. "참 좋은 날, 혹시 정말 수업 째고 싶은 샘 계시면 살짝 귀띔해

달라는 땜빵 가능하다"는 말을 해주시는 교장샘을 만날 수 있어서, 제 인생에 귀한

인연이 되어 주셔서 너무 감사드립니다. 흥덕고에서 치유 중인 후배교사 드림

ㄴ, 교사 C: 늘 생각하고 느끼는 것이지만 교장 선생님 글은 정말 마음을 울립니다. 사랑을 가지고 늘 지켜보지 않으면, 열정으로 대하지 않으면 나올 수 없는 삶이 묻어나는 글이지요. 아이들과 살아가면서 그 미묘한 관계에 상처받고 힘들 때, 하늘 보고 한숨 쉬며 가슴 쓸어내릴 때, 나 혼자만이 아니라는 가장 큰 위안을 주셔서 감사합니다. 많이 받으실 칭찬에 제 것도 슬쩍 얹어 놓습니다^^

우리 학교
행복공동체 맞지요?

쉬 오고 쉬 가는 것은 의미 없지 싶습니다. 사랑도 그렇고 열정도 그렇고 하나쯤 미련으로 가지고 있는 우리의 꿈도 그럴진대 맹구우목盲龜偶木 불가능의 경지를 뚫고 세상에 태어난 모든 생명은 말할 것 없겠지요. 사람을 만나는, 그것도 무한한 가능성이 있는 아이들을 만나는 일을 업으로 삼고 사는 우리가 아이들을 쉬 대할 수 없는 이유이며 힘들고 어렵다 하여 쉬 포기할 수 없는 이유이지요.

교육은 가르치는 것이 아니라 몸으로, 삶으로 나누는 것이라 했습니다. 가르치며 배우고, 배우며 실천하는 것이 우리 학교 배움공동체의 모습이고 그렇게 하나 되어 주셔서 진심으로 감사드립니다. 폭력적인 감사 받으시느라 모두 고생하셨습니다. 저는 참으로 행복한 교사로 살아가고 있다 생각했습니다. 결결한 뜨거운 연대의 모습을 가슴에 담고 앞으로 더욱 치열하게 살아야지 다짐하게 됩니다.

　어제 문답서를 쓰며 입력에 대한 모든 책임은 학교장에게 있고 온전히 그 귀책도 제가 받겠다고 적었습니다. 지난 3년간 우리는 모두 부끄럽지 않은 교사로 살아왔고 가시밭길 마다치 않으며 오롯이 아이들을 만나왔다고 했습니다. 생활기록부로 아이들을 겁박하기보다는 뜨거운 마음으로 아이들을 만나왔다고 했습니다. 그것이 기재를 유보하는 이유라 했습니다. 우리 모두가 지키고자 했던 그 가치가 폄하되는 것 같아 가슴 아프다 했습니다. 하지만 앞으로도 그럴 것이라 했습니다.

　문답서 받던 감사관 뜨악하게 감사장에 슬며시 들어와서는 우유 놓고 나가며 힘내라고 말하던 아이의 그렁그렁한 눈망울, 차가운 바닥에 앉아 끝까지 함께해주신 선생님들.

　빗줄기 시원합니다. 우리 학교 행복공동체 맞지요? 함께하니 다들 행복하시지요? 힘들고 어려운 일 만나 주눅 드는 것이 아니라 더욱 단단해지는 것 맞지요? 사랑합니다. 나의 동지들!

경찰서에
출두하며

아름답고 찬란한 것은 쉬이 오지 않는가 봅니다. 겨울 흔적 문
힌 채 올 듯 말 듯하던 봄인데, 어제 강릉에는 폭설이 내렸다고 합니
다. 그래도 바람 따라온 아랫녘 봄소식에 낮에는 제법 산책도 즐길만
하지요?

상황 하나 공유합니다. 학교폭력 생활기록부 기재 유보와 관련하여
교과부로부터 고발당했고, 오늘 경찰서에 출두해 조사를 받게 되었습
니다. 여섯 개 학교가 해당한다는데 제가 기꺼이 첫 조사를 받기로 했
습니다. 학교폭력은 어떠한 이유로도 정당화될 수 없습니다. 구성원의
관계에 생채기를 남기고 관계를 파괴하는 극악한 형태이며 교육이 이
뤄지는 근간을 저해하는 요소이기도 합니다. 그렇기에 법과 규정에 따
라 엄격히 다루어 학교폭력으로 자살하거나 고통받는 아이들이 없어야
합니다.

하지만 사회의 구조적 문제와 무관하지 않은 학교폭력 문제를 치유와 회복적 절차 없이 가해자 아이의 문제로만 몰아가는 것은 어른들, 특히 학교로서는 무책임 그 자체일 수밖에 없습니다. 아이의 건강한 성장을 다루는 학교 교육은 분명 사회의 법체계와 구분되어야 합니다. 가족 이력도 살펴야 하고 무엇보다 아이의 성장 가능성에 주목해야 합니다. 학교폭력의 해결을 위해 인권 감수성을 향상시키고 존중과 배려의 평화적이고 인권 친화적인 학교공동체 문화를 만들어야 합니다. 하여 벌은 고통이나 협박이 아닌 '깨달음을 돕는 것'이어야 합니다.

우리 흥덕고등학교는 개교 때부터 친인권적인 학교문화를 만들어가기 위해 많은 노력을 해왔습니다. 아이들과 눈물로 만났고 온몸으로 만났습니다. 장미꽃으로도 아이들을 때리지 않겠다고 약속했습니다. 참여와 소통, 존중과 배려, 공감과 지지를 실천하며 온몸으로 교육했습니다. 아이들은 선생님들이 제일 좋다고 했습니다. '자세히 보아야 예쁘다'는 것을 몸으로 가르쳐준 선생님들을 자랑스러워했습니다. 그 가르침을 빽으로 세상과 당당히 살아가겠다고 약속하기도 했습니다. 그것이 교사와 학생의 관계이며 그것이 '교육'이라 생각합니다. 그렇기에 우리는 생활기록부 기재를 보류했습니다. 교육적으로, 법률적으로 보완된 뒤에 기재하겠다 했습니다. 그리고 여기까지 왔습니다.

경찰서에 불려가는 것이 썩 유쾌한 일은 아니지요. 어젯밤에는 불편한 마음 때문인지 여러 차례 잠에서 깨기도 했습니다. 하지만 두렵지는 않습니다. 평생 아이들과 함께하는 교사로 살아가려 노력했고 무엇보다 함께하는 든든한 선생님들이 계시기 때문입니다. 당당하게 조사받고 오겠습니다. 우리가 가는 길에 처벌이 뒤따른다면 기꺼이 받도록 하

겠습니다.

쉽게 얻어지는 것은 쉬이 사라지게 마련입니다. 올 듯 말 듯하던 봄이 머지않아 우리에게 안기듯 '모든 아이가 성공하고 모든 아이가 행복한' 우리가 꿈꾸는 학교를 마침내 우리가 만들어내리라 확신합니다. 뚜벅뚜벅 잘 다녀오겠습니다. 사랑하는 선생님! 우리 교육동지 맞지요? 오늘도 아이들과 더불어 행복한 하루 보내시길 기원하며, 늘 고맙습니다.

선생님들의 댓글

ㄴ 교사 A: 오늘 아침에 선생님의 메시지로 안타까운 소식을 듣게 되었네요ㅠ_ㅠ 가실 때 수업 중이라 배웅도 못 해 드려서 죄송한 마음에 이렇게 자그마한 응원의 쪽지를 남깁니다~~ 힘든 발걸음이지만 다른 분들도 교장 선생님과 함께하리라 굳게 믿습니다~. 학생들을 먼저 생각하시는 멋진 교장 선생님! 파이팅입니다^^

ㄴ 교사 B: 꽃샘추위를 지나야 봄이 오는가 봅니다. 그래도 너무 진안하고 얼토당토
않은 싸움 같아 화가 납니다. 같이 가지 못해 죄송합니다. ㅜㅜ 온 마음 담아 응원
보냅니다~!! 힘내세요~!!

ㄴ 교사 C: 끝까지 당당하고 멋진 모습을 보여주셔서 감사합니다. 힘내세요!!

ㄴ 교사 D: 교육지원실에 ***이예요. 복잡하고 착잡하신 가운데 아침 출근길 인사 받
아주셔서 감사하고요. 앞으로 다가올 봄날을 기대하듯 교장쌤의 오늘의 행보에도
따뜻한 봄기운이 드리워질 것이라 생각합니다. 응원합니다.

ㄴ 교사 E: 교장 선생님, 오늘 힘든 길 다녀오시겠네요. 항상 교장 선생님의 삶의 방
향은 아이들을 향해 있다는 걸 느끼고 존경스럽게 생각하고 있습니다. 교장쌤 뒤에
는 흥덕고 아이들과 선생님들이 든든하게 뒤받치고 있고, 또 따르고 있습니다. 당
당히 다녀오시고, 이 어려움이 잘 해결되기를 하나님께 기도하겠습니다.

ㄴ 교사 F: 오늘 교장 선생님 옆에 함께하지 못한다는 것에 속상할 따름입니다. 그래
도 저와 많은 선생님이 교장 선생님을 지지하고 있다는 것을 잊지 마세요. 흥덕고
많은 선생님을 빽으로 마음만은 외롭지 않게 따뜻하게 다녀오셨으면 좋겠습니다.
교장 선생님 파이팅^^

ㄴ 교사 G: 교장 선생님을 응원합니다! 크고 압도적인 골리앗을 단 한 번의 물매질로
이겨낸 다윗처럼 담대함을 품고 다녀오시길 기도하겠습니다. 교장 선생님께서 이
루고자 하는 것을 이뤄내시리라 믿어요^^ 파이팅!!

ㄴ 교사 H: 교장쌤님^^ 오늘 가시는 걸음 불편하고 여러 가지 마음이 드실 것 같아요
~ 하지만 교장쌤께서 이때까지 걸어오신 길이 결코 쉽지 않았지만 결국 옳았던 것
처럼~ 우리는 교장쌤을 적극 지지하고 힘을 드리고 싶습니다~^^ 학교는 잘 지키
고 있을게요~~ 요즈음 말로 "힘쇼" ^^

ㄴ 교사 I: 교장쌤 항상 같은 마음으로 응원하고 있습니다. 조심히 힘 있게 다녀오세요!

ㄴ 교사 J: 아이들을 사랑하시는 교장 선생님의 마음을 우리 모두는 잘 압니다. 모든 샘이 같이 해주실 것입니다. 일부 샘이 동행한다고 하니 마음 편히 다녀오세요. 수업 관계상 같이 가지는 못해 죄송한 맘입니다. 잘 다녀오시고 저녁에 두부~~자리 만들겠습니다.

ㄴ 교사 K: 횟팅!! 언제 가세요? 기운 내시공~ 언제나 교장샘을 응원하고 지지하는 사람들이 옆에 있다는 거 잊지 마세요~^^

ㄴ 교사 L: 수업을 바꿔서라도 교장샘 가시는 길에 함께해야 하는데, 오후 수업이 연달아 있어 함께하지 못하는 마음 무척이나 슬픕니다. 언제나 마음자리 한켠에 교장샘이 있습니다. 고생하세요. 그리고... 힘내세요. ^^

ㄴ 교사 M: 온전하게 교육하기 참 힘든 세상인 것 같습니다. 교장 선생님, 힘내세요!!

ㄴ 교사 N: 교장 선생님 힘내세요. 이 혼란한 시기에 바른길을 가시려 애쓰시는 모습 참 감사합니다. 교장샘의 학생에 대한 믿음과 사랑이 하나님께도 예쁘게 보이리라 믿습니다. 기도하겠습니다. 힘내세요.

ㄴ 교사 O: "내가 가는 길이 험하고 멀지라도 그대 함께 한다면 좋겠네..." 노랫말 가사처럼. 교장 선생님 가시는 길에 교육동지로서 함께할 수 있음에 감사하며, 가시는 길 함께 걷겠습니다.^^

절대로
포기하지 않겠습니다

출근길 학교에 들어서면 붉게 물든 단풍잎 사이로 보이는 "태풍 몇 개, 천둥 몇 개, 벼락 몇 개 맞으며 붉어지는 대추 한 알"의 걸개 그림 봅니다. 낡은 만년필에서 흘러나오는 잉크보다 진하게 묵은 그리움과 성찰이 한껏 나를 흔들어 망망하게 허둥대며 하루를 시작합니다.

어제 하루 종일 수업 공개로 모든 선생님이 고생 많이 하셨습니다. 100여 명이 넘는 선생님이 참가하여 우리와 함께하셨습니다. 동료 교사에게 어렵게 어렵게 부탁하여 수업을 바꾸고 왔다며 현장에서 감동을 받는 것이 얼마 만인지 모르겠다는 선생님도 계셨습니다. 4, 5교시를 둘러본 손우정 교수님의 "많은 학교에 다녀 보았지만 이렇게 평온한 교사들과 배움의 늪에 깊이 들어온 아이들은 처음 본다. 다시 태어난다면 흥덕고등학교의 학생으로 다니고 싶다"는 평가는 지난 4년의 시간 동안 그렇게 듣고 싶었던 교사로서의 자존감에 대한 최고의 극찬이 아니었나 싶습니다.

예술가는 작품으로 말하고 정치가는 선거로 말합니다. 교사는 수업으로 말할 수밖에 없지요. 그렇기에 우리에게 수업은 아이들과 만남의 시작이자 끝이며 존재의 이유입니다. 그래서 힘들고 어려웠던 그 시절, 한 아이도 포기하지 말자 수없이 다짐하고 또 다짐했으며 '선생님은 너를 절대 포기하지 않겠다'는 진정성을 아이들이 받아들일 수 있도록 노력하고 또 노력하자 했습니다.

수업시간을 포기하려는 잠든 아이들은 아무리 깨워도 소용없지요. 가정방문하고, 아르바이트하는 곳 기웃거리며, 운동장 같이 뛰고 지리산 함께 오르는 이유 역시 아이들을 포기할 수 없기 때문이지요. "홍덕고 선생님들은 사리가 몇 개씩은 생겼을 것"이라고 손 교수님이 우스갯소리 하셨던 그 시간들. 되돌아가고 싶지 않은 시간이지만, 그래도 다시 그런 상황이 온다면 아무리 힘들어도 우리 모두는 기꺼이 다시 그리 할 것이라고 확신합니다.

존경하는 선생님!

저 혼자 교실을 지날 때도 마음 무거웠지만, 지난 혁신학교 평가와 수능 방송 점검으로 관계자들과 함께 둘러볼 때는 무거움을 넘어 다소 답답한 마음이 들었습니다. 부쩍 잠자는 아이들이 늘어난 듯합니다. 심지어 1교시인데도 자는 아이들이 있었습니다. 무슨 사연 없지 않겠지요. 하지만 묵직하게 다가오는 느낌 피할 수 없을 듯합니다. 제가 이럴진대 아이들 직접 만나는 선생님들이야 오죽하실까 가슴 아리기도 했습니다. 담임선생님들이나 수업에 들어가시는 선생님들뿐 아니라 모두가 함께 고민하고 함께 노력하지 않으면 안 되겠다 싶었지요.

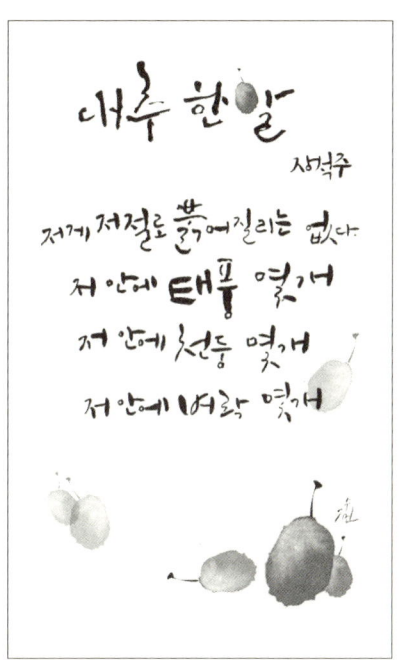

그간 누구보다도 힘들게 아이들 만나셨을 선생님들이 또다시 학부모들과 아이들과 만나야 하는 심적 고통을 누구보다 잘 알고 있습니다. 지속 가능한 흥덕의 또 다른 혁신2기를 위해서도 그렇지만 평준화를 준비하고 무엇보다 우리가 처음 표방했던 최고의 학생복지로서 '배움으로부터 도주하지 않는 아이들', 돌봄과 케어의 학교문화 속에 살아있는 흥덕 교사문화와의 일치를 위해서라도 우리의 수업을 다시 돌아보았으면 합니다.

누가 뭐라 해도 대한민국 최고의 교사로 우뚝 서신 자랑스러운 교육동지 선생님들!

저는 다음 주 월요일에 학교생활을 힘겨워하는 아이들과 간담회를 할 계획입니다. 금요일에는 2학년 학부모 간담회를 계획하고 있고요. 좀 더 세밀하고 적극적으로 아이들을 만나지 않으면 큰 어려움에 빠지지 않을까 우려가 됩니다.

지금껏 우리는 학교장이 제안하고 선생님들은 무조건 따르는 기존 학교문화를 극복해왔습니다. 어떤 경우에도 제 의견이 전적으로 옳다고 생각해본 적 없습니다. 선생님 각자의 고민이 담겨있는 방식을 선택하시되 조·종례 시간에 이야기하는 것만으로는 한계가 분명하니 깊이 있는 고민으로 아이들 다시 만나자 제안 드립니다. 가끔 4교시 수업이 끝나지 않았는데도 식당 앞에 서 있는 아이들이 있습니다. 수업 좀 일찍 끝낼 수밖에 없는 고충을 왜 모르겠습니까? 엎드려 자는 아이들 지켜보는 선생님들의 고충 백 번 헤아리고도 남지요.

모두가 어렵고 모두들 힘들지요. 그러니 서로 격려하며 조금씩만 더 힘내보자고요. 깨우고 또 깨우고 안 되면 교감 선생님이나 저에게 보내며 절대 포기하지 않겠다는 다짐 실천해보자는 제안 드립니다. 인근 중학교에 학교 설명 나가느라 시간에 쫓기다 보니 중언부언합니다.

가을볕이 너무 좋아 빨래 말리듯 나를 말려도 좋겠다 싶습니다. 투명하게 드러나는 삶의 나날들이 행복할 수 있도록 주변 선생님들을 한 번 더 살피며 함께 힘내자고요. 조만간 저녁 자리 준비하겠습니다. 늘 고맙습니다.

3주년 개교기념일을 보내며

4월이 다 가도록 올 듯 말 듯하며 겨울의 끝자락에 매여 있던 봄이 시나브로 덥석 우리 품에 안겼습니다. 참 상쾌한 아침입니다. 어제는 푹 쉬셨는지요? 저도 아이들이 없는 학교에서 밀린 일도 하고, 아이들 페이스북도 기웃거리며 편안한 쉼의 시간 보냈습니다.

돌아보면 개교 3년, 쉼 없이 달려온 시간이었습니다. 하루하루 깔딱고개 넘듯 숨에 차 허덕이기도 했지만 아이들의 변화와 성장을 확인하며 교사로서의 자존감을 확인하는 시간이기도 했습니다. 혼자서는 도저히 넘을 수 없는 오랜 세월 다져진 기존의 학교문화를 담쟁이가 그렇듯 모두 함께 손잡고 어렵사리 넘어왔다 싶습니다.

오늘날 교사로 산다는 것은 참 고단한 일입니다. OECD의 조사에 따르면 우리나라 교사들의 직업만족도는 중간 정도지만 효능감은 매우 낮은 것으로 나타납니다. 그렇습니다. 교사에 대한 대학생들의 직업 선호도는 매우 높지만 그것이 교사로 살아가는 저를 힘 있게 살아가게 하지는 못하는 것 같습니다.

입시 경쟁의 부담, 학부모나 아이들과의 빈곤한 교감 등은 교사로 살아가는 우리를 늘 고단하게 합니다. 교사에게 아이들을 만나러 출근하는 설렘이 없을 때, 아이들에게 배우러 등교하는 즐거움이 없을 때, 더 이상 학교라고 부르기엔 서글픔만 남지 않을까 싶습니다.

저는 감히 우리 학교 선생님들이 그간의 학교문화를 극복하는 선도적 역할을 하고 있다 확신합니다. 선생됨의 영광과 보람을 다른 어떤 것에 양보하지 않겠다는 필사의 결의, 다른 것은 다 내어주어도 그것만큼은 잃지 않고 온갖 시련과 고난 속에서도 함께 이겨내겠다는 다짐 말입니다. 그 힘으로 지난 3년 우리 홍덕고는 인문계 고등학교의 역사를 새로 쓰고 있습니다.

참 고마우신 자랑스러운 선생님!

그간의 노고를 서로 위로하고 격려하는 하루 되었으면 합니다. 스스로 다독이고 서로 환하게 웃어주는 하루였으면 합니다. 수업과 연구에 전념하고, 많이 상담하고 성찰하며, 편애와 무관심과 무책임하지 않으며, 준비 안 된 수업과 참여 없는 수업과 소통 없는 수업을 거부하며, 그 힘으로 다시 새로운 날들 시작하였으면 합니다.

자랑스러운 홍덕고 선생님들과 함께 우리 학교 개교 3주년을 다시 한번 자축합니다. 치열한 고민과 열정의 현장에 선생님들과 늘 함께하겠습니다. 행복한 하루 만드시길…….

선생님들의 댓글

└ **교사 A:** 어느새 봄이 성큼 와버렸네요^^ 정신없이 지나가는 하루하루 일상이 어떤 의미를 가지고 있는지 다시 생각합니다. 벌써 5월... 건강하시고 이번 주도 홧팅 하시길. 하루하루의 노력이 모여 이렇듯 흥덕 4년의 역사가 만들어졌다고 생각합니다. 오늘 하루도 건강하고 행복하고 열심히 살겠습니다^^

└ **교사 B:** 교장 선생님, 글 잘 읽었습니다. 재충전하며 새롭게 이번 한주도 시작하려 합니다. 혁신학교의 선도로서 우리 학교가 갖는 의미는 늘 각별하다는 생각을 하곤 하지요. 이번 주도 지치지 않으며, 교장 선생님도 힘내세요.

└ **교사 C:** 언제나 그렇게 오나 봅니다, 시나브로 덥석. 그렇지만 기나긴 겨울을 보내며 기다린 봄빛, 더디 오더니, 금세 떠날까 조마조마해요^^ 흥덕에서의 한 해 한 해, 참 다른 느낌으로 그렇게 보내고 있습니다. 2011년, 2012년 그리고 2013년. 벌써 세 번째 봄이네요. 주말 내내 논술형, 서술형 채점하고 점검하고 그렇게 보냈습니다. 뭔가 올해는 버겁고 더 긴장되고 그래요. :) 공부를 더 많이 해야겠어요.ㅋㅋ 수행평가로 35% 다 넣어버릴걸, 괜히 논술형 출제해서 이 고생인가 싶기도 하지만 그래도 뭔가 이게 맞는 것 같다는 생각도 들고 그러면서도 또 채점이 막히면 딴생각ㅋㅋㅋ 암튼, 많은 것이 변했지만, 한결같은 선생님의 마음만이 저에게는 소중한 가르침으로 남습니다. :) 늘 감사해요.

└ **교사 D:** 수업과 연구, 상담과 성찰. 좋은 선생님, 좋은 사람이 된다는 것. '참 좋은' 누군가가 된다는 것. 이게 정말 쉽지 않구나 이런저런 생각이 많습니다. 흥덕에서 또 한 살이 제 성장의 역사이기를 소망해봅니다. 선생님께도 날마다 행복한 하루가 되시기를 정말 바랍니다. *^^*

아이들 만나는 우리가
잃지 말아야 할 가치

지난 주말에는 빗줄기 빼꼼했습니다. 편히들 쉬셨는지요?

어제 우리 국적기가 미국에서 착륙하다 큰 사고가 났습니다. 그 상황을 보도하던 어느 종편방송 진행자가 "사망자가 중국 사람이어서 다행이다"고 했다지요. 아무리 그렇기로서니 하지 말아야 할 말을 했습니다. 그 종편은 지난 5월에도 광주민주화운동을 왜곡 보도하여 물의를 일으킨 바 있지요. 태생적 한계 때문에 같은 잘못을 반복하는 게 아닌지 모르겠습니다. 방송이나 언론 일을 하는 사람들에게는 적절한 재능도 필요하지만 균형감과 사회적 책무성, 더불어 인간에 대한 예의를 지키는 자질도 있어야 할 것입니다. 언론인이 그렇듯 아이들 만나는 우리가 잃지 말아야 할 가치는 무엇인지 늘 고민합니다.

오늘은 한 학기 동안 우리가 가르치고 아이들이 배운 것을 확인하는 시험 첫날입니다. 또한 지난 한 학기 우리의 교육활동을 성찰하며 새로운 다짐을 하는 교직원 토론회 날이기도 합니다. 살아가며 만나는 시험 한둘이 아니고 그 어려움을 따지자면 배운 것 출제되는 학교 시험이 그나마 좀 쉬울 테니 우리 아이들이 잘 이겨냈으면 좋겠습니다. 잠도 덜 자고 하고 싶은 것 절제하면서요.

더불어 우리는 아이들의 다양한 선택을 보장하며 특색 있게 교육과정을 운영했는지, 수업에서 지식의 원리와 개념을 정확히 이해하도록 도왔고 협력이 일어나도록 했는지, 그 과정에서 혹 배움으로부터 소외되는 아이들은 없었는지 냉정하게 살펴야 합니다. 준비되지 않은 수업을 하거나 관성적인 수업을 하지는 않았는지, 잠자는 아이들을 못 본 척하거나 애써 외면하지 않았는지, 성적이 나은 아이들에 대한 역차별 아니냐는 학부모들의 볼멘소리에 똑같은 아이들이니 똑같이 대했다 자신 있게 말을 할 수는 있지만 배움의 방식이나 방법에 대해 고민이 적었던 것은 아닌지도 살펴야 할 것입니다.

내가 힘드니 주변 동료 교사 살피는 일 소홀하지 않았는지, 우리의 가장 큰 자랑거리였던 교사로서의 자존감 지키며 흔들림 없는 치열함으로 살았는지, 각자 가진 뛰어난 재능을 함께하는 학교문화에 녹여냈는지 아니면 내 수업과 내 학급운영 또는 개인의 성장으로만 국한했는지도 성찰할 일입니다.

참여, 소통, 배움, 성장, 나눔, 협력 등 우리 학교의 주된 가치를 어떻게 내재화했으며 아이들과 만나는 과정에서 어떻게 소화했는지도 서로 묻고 답해야 하고 개인의 성향이나 바쁨을 핑계로 공동의 가치에 소홀하지 않았는지도 아프겠지만 살필 일입니다. 화려한 미사여구나 치밀한 논리 또는 목소리 높은 요구와 주장을 교육의 이름으로 환치하지 않앉는지 나와 주변을 살필 일입니다.

시험이 끝나면 방학까지 제법 긴 날들을 더위에 지친 아이들과 보내야 합니다. 다행스럽게 우리 학교는 각 부서에서 창의적 체험활동과 행사를 배치하여 선생님들이 힘들게 수업하시는 것을 최소화하고 있습니다. 그동안 수업 시간에 할 수 없었던 다양한 프로그램에 대해 고민 부탁드립니다. 단순하게 영상물 시청이나 자율학습으로 아이들이 우리의 수업 철학을 왜곡하게 되는 일이 없도록 협력해주시기 바랍니다.

수업공개와 좋은수업간담회는 우리의 수업을 지켜가는 주요한 기제입니다. 특정 학년이나 교과라고 해서 예외가 있을 수 없습니다. 아이들이 만족스럽지 못한 수업에 대한 모든 원인을 교사의 탓으로 돌리는 것은 잘못된 가치를 갖게 합니다. 주변 환경에서 원인을 찾는 노력과 함께 자기 성찰의 중요함을 지도해주셔서 진지한 성찰이 이뤄지고 다음 학기에는 더욱 풍요로운 수업이 진행될 수 있었으면 합니다.

내일 교장공모제 4년 차 평가가 있습니다. 지난 학기에 내부형 공모제를 추진했던 몇 학교가 일이 많아진다며 교사들이 반대해 좌절되었다는 이야기를 들었습니다. 다른 학교 이야기를 들을수록 우리 학교 선생님들에게 고맙고 감사한 마음 어찌 표현해야 할지 모르겠습니다.

불시착한 비행기에서 침착함과 헌신으로 탑승객들을 구한 승무원들, 그들의 팀워크가 많은 생명을 구할 수 있었다는 증언을 오늘 진행할 토론회의 기저로 삼으면 어떨까요? 고맙고 감사한 홍덕 선생님들!

3장

부모는 아이를 지탱하는
또 다른 바퀴입니다

학부모와의 나눔

나는 교문 앞 스토커입니다

정은이
어머님께

가을인가 싶더니 겨울을 재촉하는 비가 하루 종일 내립니다. 이 비가 그치면 겨울이 우리에게 성큼 다가오겠죠. 바야흐로 입시 철인가 봅니다. 날씨가 추워지니 말입니다.

추워지는 날씨 속에서 제일 먼저 생각나는 건 학생들의 고충입니다. 12년 동안 하고 싶은 것을 유보하고 오직 대학에 가기 위해 책과 전쟁 아닌 전쟁을 치르며 해온 공부를 단 하루의 시험으로 평가받아야 하는 고충 말입니다. 저도 그렇게 살았고, 세월이 지난 지금도 학생들에게 그런 삶을 강요하면서 하루하루 살고 있으니 더욱더 그렇게 느껴지나 봅니다. 학부모님들이 얼마나 노심초사하며 아이들을 위해 기도하고 있는지 뻔히 아니까 우리 교육에 대해 그리고 이 아이들의 앞날에 대해 가슴 저린 아픔을 느끼나 봅니다.

정은이 어머님!

　어머님과 인연을 맺게 된 때를 기억합니다. 그때는 가급적 학부모와는 거리를 두고 지내야 한다는 선배 교사들의 암묵적인 가르침을 충실히 따르려고 했었지요. 저는 학부모와의 만남을 의도적으로 피하면서 그것이 교사의 길을 올곧게 가는 것이라 생각했습니다. 그러던 것이 학부모 통신문으로 어머니와의 여러 차례 필담이 오간 끝에 제 생각이 바뀌게 되었지요. 아이들이 건강하고 올바르게 성장하도록 하려면 교사와 학부모가 충분히 소통할 수 있는 대화의 장이 필요하다는 진리를 다시 한 번 깨닫게 된 것이지요. 그것이 학부모에게는 학교 교육에 대한 신뢰를 쌓게 하는 길이며, 교사에게는 자녀에 집착하는 부모님들을 조금은 이해하는 길이며, 나아가 아이들의 건강한 성장을 돕는 중요한 토대가 된다는 사실을 알게 되었습니다.

　3월 초, 담임으로서의 제 교육관과 학급운영 방침을 설명 드리기 위해 학급운영 연간계획서와 함께 학부모 통신을 보냈습니다. 며칠 후 어머님이 답장을 주셨지요.

　선생님으로부터 뜻밖의 편지를 받고 너무 감격스러워서 눈물이 났습니다. 큰아이 때부터 여러 담임선생님을 만나왔지만 학급운영 연간계획서라는 것을 처음 받았습니다. 지금껏 어머니회에 참석하라는, 물과 전기를 아껴 쓰라는, 또는 국가 시책을 홍보하는 가정통신문은 여러 번 받아 봤지만 말입니다. 담임선생님의 교육관, 아이들을 일 년 동안 어떻게 지도하겠다는 말씀과 모든 아이를 골고루 사랑할 수 있도록 노력하시겠다는 다짐을 들으니 학부모로서 얼마나 감사한지 모릅니다. 비록 흑백이지만 선생님의 얼굴을 편지로나마 만날 수 있어서 너무 좋았습니다. 부족하나마 우리 정은이 잘 가르쳐주시고 잘못하면 혼도 내셔서 아이가 올바르게 자랄 수 있도록 지도 부탁드리겠습니다.

정성스럽게 써 주신 답신을 읽으면서 어머님에 대한 감사의 마음이 드는 한편, 학부모와 담임교사와의 편지 왕래가 특별하고 뜻밖의 일로 여겨진다는 사실에 마음이 아팠습니다. 물론 여러 방법을 통해 어머님과의 의사소통이 이루어졌을 테지만, '감격스러웠다'는 표현에 제 마음이 더욱더 무거웠나 봅니다. 저는 교사들이 학부모에 대해 가진 그 두꺼운 벽을 어떻게 허물어 갈 수 있을까 고민했습니다. 물론 교사는 맡은 아이들을 가르치는 사람의 역할을 그리고 학부모는 아이를 뒷바라지하는 보호자의 역할을 하면 된다고 생각하면 그다지 복잡하지 않을 것입니다. 하지만 늘 왜곡된 모습으로 서로를 보게 되고, 그래서 오해가 생기고 서로 벽을 쌓아가게 되는 것 같습니다.

　제가 학기 초에 어머님과 상담하려고 전화를 드렸을 때였습니다. 담임이라고 저를 소개하니 어머니는 "정은이가 무슨 잘못이라도 했나요?"라고 근심 가득한 목소리로 인사 대신 물으셨죠. 그게 아니라고 대답하면서도 이내 마음이 편치 않았습니다. 여전히 학부모와 교사 사이에 건너기 힘든 강이 있음을 확인하니 드는 씁쓸함 때문이었습니다. 학교에서 전화가 오면 덜컥 겁부터 나고, 상담하러 오시라고 하면 무슨 꿍꿍이속이 있는 것은 아닌지 의심부터 드는 씁쓸함과 안타까움은 분명 어머님과 제 잘못 때문만은 아닐 것입니다. 교사와 학부모 사이를 끊임없이 왜곡시키는 입시 중심의 학교 현실에 어머님도 저도 그리고 아이들까지도 희생되는 것은 아닌지 생각해봅니다.

정은이 어머님!

여전히 학교는 대학 진학을 준비하는 곳으로만 존재합니다. 대학만 잘 가면 돈 많이 벌고 인생이 잘 풀릴 거라는 환상이 우리 교육을 지배하고 있지요. 자녀를 위하는 길이라면 조기유학에 성적도 조작하는 외적 환경을 갖고 있는 셈입니다. 사실 그 같은 뉴스를 종종 접하기도 합니다. 자녀의 학업 수준을 부모의 자존심과 연결 짓기도 하고 자녀의 적성과 흥미보다는 명문대라는 외양에 집착하다 보니, 아이들을 가르친다면서 공동체 의식보다는 경쟁심을 키우는 것은 아닌지 모르겠습니다. 이런 환경에서 교사는 아이들을 경쟁에서 이기게 하기 위한 하나의 수단일 뿐인지도 모르겠습니다.

따라서 이러한 현실을 바꾸려면, 어머님들께서도 당신들 세대가 오랫동안 보아왔던 성공 방식으로 아이들을 대하는 것이 얼마나 잘못된 것인지, 얼마나 시대의 흐름에 역행하는 것인지 인식할 필요가 있습니다. 모든 문제의 원인을 제도와 정책, 교육부, 교사들에게 돌리기보다는 자녀의 말을 경청하면서 세상을 살아가는 데 필요한 진짜 공부를 할 수 있도록 교사와 진지한 이야기를 나누면 좋겠습니다.

이유와 원인이 무엇이든 학교와 교사를 신뢰하지 못하는 풍토가 조성되면 학교 교육의 질은 더욱 낮아질 수밖에 없습니다. 여러 어려움 속에서도 교단에 서는 교사에게는 무엇보다 학생과의 신뢰가 중요합니다. 학부모가 교사를 신뢰하지 못하면 학생들 역시 교사를 신뢰하지 않게 되고 올바른 교육은 이루어지기 어렵겠지요. 저는 교사로서의 자부심과 자긍심만이 교사를 교단에 설 수 있게 한다고 생각합니다.

어머니께서 저에게 보내주셨던 신뢰를 바탕으로 교사의 자긍심을 지켜가겠습니다. 아이들에 대한 이해를 높이기 위해 홈페이지와 이메일, 학부모 통신, 가정방문 등을 활용하여 학부모님과 더 많이 대화하겠습니다. 그것이 학교에 대한 신뢰를 높이는 일이며, 이 땅의 교육을 살리는 길이라고 믿습니다. 앞으로도 지속적인 비판과 격려 부탁드립니다.

고르지 못한 날씨에 건강 유의하시길 바랍니다. 안녕히 계십시오.

부모님께 드리는
여섯 가지 약속

안녕하세요?

저는 앞으로 일 년 동안 학부모님의 귀한 자녀들 학교생활에 또 다른 부모가 되어 아이들이 건강하고 아름답게 성장할 수 있도록 보살피는 역할을 맡은 담임 이범희입니다. 자녀를 중학교에 입학시키고 기대만큼이나 여러 걱정과 근심이 있으실 것 같아 먼저 지면으로라도 저에 대한 소개와 함께 교육관과 학급교육 활동 방향에 대해 말씀드리려고 합니다.

해마다 이맘때쯤이면 교사라는 이름으로 살아온 20여 년 동안 제가 가르쳤던 아이들에게 정녕 부끄럽지 않은 올바른 교사였는지 묻게 되지만 늘 반성이 앞서게 됩니다. 부족했던 부분에 대해 용서를 구하는 마음으로 새롭게 용기를 내어 다시 시작하곤 하지요.

저의 담당 과목은 도덕입니다. 강원도 강릉에서 교직을 시작하여 양평과 안양, 과천 등에서 근무를 하다 본교에 온 지는 이제 3년이 되었습니다. 저에게도 올해 중학교에 입학한 딸이 있습니다. 하여 그 어느 때보다 부모 같은 마음, 삼촌 같은 마음으로 아이들과 눈높이를 맞추며 저의 모든 능력과 열정을 쏟는 교사가 되겠습니다. 아이들만큼이나 어떤 사람이 담임일까 많이 궁금하셨을 텐데 이른 시일 내에 여러 방법을 통해 부모님들과 만나 뵐 수 있기를 소망합니다.

교육의 목적은 아이들이 지닌 다양한 적성과 능력을 찾아내고 그것을 키워 전인적 인간으로 성장할 수 있도록 하는 것이라고 믿습니다. 하지만 입시 위주의 현실(교육)에서 오직 공부만을 강요해야 한다는 사실이 암담하고 답답하기만 합니다. 옆 친구를 경쟁자로 인식하고 오로지 이겨야 할 대상으로 여겨야 하는 현실은 아이들의 의식을 왜곡시키고 심성을 망가뜨릴까 우려되기도 합니다. 이러한 구조적인 모순 속에서 '어떻게 아이들을 교육해야 하는가'라는 근본적인 물음 앞에 많은 갈등과 어려움을 느낍니다. 하지만 아이들이 희망을 품고, 칭찬과 격려와 서로에 대한 배려 속에서 넉넉한 성품으로 공부하며 자랄 수 있도록 저와 학부모님이 함께 노력했으면 합니다.

일 년 동안 제가 학급운영을 해나갈 '학급운영 연간계획서'는 아이들의 동의를 얻은 후에 학급 홈페이지를 통해 알려드리겠습니다. 우선 저는 아래와 같은 모습으로 아이들과 함께할 것을 약속드립니다. 제가 일 년 동안 지쳐 포기하지 않고 일관성을 유지할 수 있도록 부모님들도 많은 관심과 지도 부탁드리겠습니다.

첫째, 편애하지 않는 교사로 살겠습니다. 아이들에게 어떤 교사이길 바라는지 물어보면 제일 먼저 그리고 많이 나오는 대답이 편애하지 않는 교사입니다. 아이들이 그런 느낌을 받지 않도록 노력하겠습니다. 부모님들께서도 선입견으로 판단하지 마시고, 혹 오해의 소지에 대해서는 전화해주시기 바랍니다. 친절히 설명해 드리겠습니다.

둘째, 아이들 스스로 학급활동에 참여하게 하고 구성원들의 진정한 소통을 위해 고민하겠습니다. 아이들이 어리다고 억누르지 않을 것이며 저도 학급의 한 구성원으로 참여하여 아이들과 그리고 학부모님들과 진정으로 소통하도록 노력하겠습니다.

셋째, 아이들이 힘들어할 때 마음 넉넉한 부모가 되어 아이들 이야기에 귀 기울이도록 하겠습니다. 공부가 힘들 때, 친구 관계가 힘들 때, 학교생활에 힘들어할 때 늘 함께하면서 아이들의 앞날에 희망이 되도록 노력하겠습니다.

넷째, 최고보다는 최선을 다해 열심히 공부하는 아이들로 가르치겠습니다. 옛 선인들은 공부를 배가 물길을 거슬러 올라가는 일과 같다고 했습니다. 잠시라도 멈추면 제자리가 아니라 한발 뒤로 물러남을 알고 매일 조금씩 최선을 다해 공부하는 학습태도를 기르게 하겠습니다.

다섯째, 경쟁보다 아름다운 공동체 문화를 지향하겠습니다. 자기만 아는 이기적이고 독단적인 모습보다는 더불어 살아가는 공동체 문화를 지향하겠습니다.

여섯째, 매를 들지 않고 꾸짖음보다는 칭찬과 격려로 지도하며 서로의 차이를 인정하고 존중해주는 학급문화를 만들어가도록 노력하겠습니다.

학급 홈페이지에 아이들이 어떻게 학교생활을 하는지 보실 수 있도록 많은 이야기와 사진을 올리겠습니다. 언제든 오셔서 칭찬과 조언을 해주시기 바랍니다.

 교사와 학부모의 관계가 부담 없이 편하고 건강해야 아이들의 성장에 도움이 되겠지요. 아이들에 관한 상담은 홈페이지나 이메일 또는 전화로 하셔도 좋고 직접 학교를 방문하셔도 좋습니다. 비밀상담도 가능합니다. 학부모님들과 진심으로 소통할 수 있기를 소망하며 곧 뵐 기회를 마련하겠습니다.

 좋은 인연 감사드리며 가정에 늘 좋은 일만 있으시길 기원하겠습니다.

아이들에게 책을
선물해주세요

안녕하세요?

어설픈 모습으로 아이들과 만난 것이 엊그제 같은데 벌써 보름을 넘깁니다. 학교생활에 낯설어하던 아이들이 이제는 어느 정도 적응을 했는지 쉬는 시간이면 복도에 나와 장난을 치며 어울리는 모습을 자주 보게 됩니다. 아마도 그 또래의 아이들은 쉽게 적응을 하는가 봅니다. 다행스러운 일이지요.

학기 초에 편지와 문자로 인사를 드린 적이 있는데 고맙게도 부모님들이 정성스러운 답글을 주시고 메시지도 보내주셔서 커다란 용기와 감사함으로 아이들을 만나고 있습니다. 어제오늘 많이 따사로워졌지만 아직은 꽃샘추위가 이른 봄을 시샘합니다. 그래도 당당하게 맞서며 봄소식을 전해주는 봄꽃들을 보니, 이제 제법 중학교 1학년답게 듬직해진 우리 아이들의 사랑스러운 모습이 겹쳐져 더욱 행복하게 지내고 있답니다.

이번에 전해 드릴 말씀은 '학급문고'를 꾸리는 일에 대한 것입니다. 학부모님들의 좋은 생각을 듣고 싶습니다. 저는 체계적이고 꾸준한 독서보다 더 좋은 공부는 없다고 생각합니다. 좋은 책 한 권이 아이의 인생을 바꾸기도 하고, 아이의 삶을 훨씬 풍요롭게 만들어줄 수 있다고 생각합니다. 특히 중학교 1학년은 평생 간직할 좋은 습관을 형성해야 하는 아주 중요한 시기지요. 이 중요한 시기에 아이들이 하루 8시간이나 생활하는 교실에 항상 좋은 책을 가까이 두어 책의 제목이나 훌륭한 작가의 이름에 익숙해지게 해주고, 언제든 좋은 책을 손에 들 수 있게 해주는 것보다 좋은 교육은 없다고 생각합니다.

특히 요즘 아이들은 인터넷 게임이나 판타지 소설, 만화책 등에 지나치게 노출되어 있어서 좋은 책을 고르는 안목도 부족하고 좋은 책을 접할 기회마저 스스로 차단해버리는 것 같아 많이 안타깝습니다. 아침 시간이나 점심시간에 곳곳에서 판타지 소설이나 만화책을 탐닉하는 아이들을 보게 됩니다. 어쩌다 자율학습 시간이 주어지면 무엇을 해야 할지 몰라 그저 잡담으로 소일하거나 흐릿한 눈빛으로 멍하니 창밖을 응시하는 아이들을 보며 안타까운 마음을 쓸어내리는 날도 많습니다.

이제 중학교 1학년이 되었다고 내신 성적을 관리해야 한다는 이유로 한 학기에 책 한 권 읽을 여유조차 갖지 못하는 아이들을 보면 그 안타까움이 극에 달합니다. 눈앞에 닥친 조급함 때문에 정말 중요한 것을 잊고 사는 슬픈 상황을 만드는 꼴이 아닐는지요. 그나마 요즘에는 아침마다 제가 만든 학급신문인 '희망쌓기'를 통하여 좋은 글을 함께 읽고 짧게나마 글을 써보는 시간을 갖습니다. 하지만 자투리 시간을 활용하는 것과 좋은 책을 통하여 생각하는 힘을 기르고 창의력을 갖도록 하는 것의 중요함을 어떻게 풀어내야 할지 고민이 많습니다.

진정으로 책과 친구가 되게 하려면 우리 아이들 곁에 좋은 책을 두어야 할 것입니다. 그러면 점차 흥미가 생겨 책을 읽는 습관이 저절로 생길 것입니다. 한두 달이 아닌 앞으로 일 년을 내다보는 차원에서 계획을 세워 보았습니다. 그래서 우리 1학년 1반은 아침 자율학습 시간과 점심시간 및 기타 자투리 시간에 '독서로 풍요로워지는 내 마음 가꾸기' 시간을 운영하고자 합니다. 아침 독서 시간을 보다 효과적으로 운영하기 위해서 학부모님께 몇 가지 부탁의 말씀 드립니다.

학급문고를 꾸리기 위해 가정 형편이 되시는 만큼 '좋은 책'을 기증해 주시면 어떨까 싶습니다. 되도록 새 책을 구입하여 보내주시면 감사하겠습니다. 왜냐하면 예년의 경우 학급문고를 만들고자 아이들에게 집에 있는 책을 가져오라고 하면 우리나라의 정서 때문인지 절반 이상의 아이가 집에서 읽지 않는 책, 버려도 크게 상관없는 책, 아이들의 수준에 맞지 않은 책을 가져오곤 했습니다. 그것만으로는 학급문고를 만드는 데 큰 어려움이 있어 또다시 고민하다 찾은 방법이 부모님께 부탁을 드리는 것입니다.

주변 선생님들의 검증을 통해 우리 아이들이 진로를 고민하고 정하는 데 도움이 될 만한 책과 마음을 키울 만한 책들로 목록을 작성해 보았습니다. 약 40여 권의 목록을 보내드리니 자녀의 마음에 드는 책을 고른 후, 부모님께서 책을 사서 학급에 기증해주셨으면 합니다. 책마다 기증해준 친구의 이름도 예쁘게 써서 붙이고, 아이들이 즐겨 읽을 수 있도록 지도하겠습니다.

한 권에서 최대 두 권까지 성의껏 기증해주셔도 좋고 담임의 제안에 적극적인 지지의 마음만 보내주셔도 좋습니다. 제일 먼저 자기가 가져온 책을 읽고, 다른 친구들이 가져온 책도 일 년 동안 마음껏 돌려보고, 12월 말에 다시 돌려드릴 계획입니다. 약 10개월 동안 우리 1학년 1반에 좋은 책을 실명으로 대여해주시는 셈이지요. 담임인 저도 아이들과 함께 읽고 싶은 좋은 책으로 10권 이상 기증하려고 합니다.

책은 인터넷 서점에서 10%에서 최고 30%까지 저렴하게 구입할 수 있습니다. 학부모님께서 직접 구입하셔서 보내주시면 감사하겠습니다. 학급문고는 자율적으로 꾸리는 것이니 너무 큰 부담 갖지 않으셨으면 합니다. 학급문고 운영과 관련하여 더 좋은 의견 있으시면 저에게 연락해주시기 바랍니다.

아직 날이 쌀쌀하지만 그래도 봄기운이 느껴지는 요즘입니다. 따사로운 봄 햇살과 같이 아름답고 행복한 1학년 1반이 될 수 있도록 아이들과 함께 노력하겠습니다. 감사합니다.

관계를 새롭게,
아름답게 소통하기

아침, 저녁으로는 쌀쌀하면서도 낮에는 따뜻하니 일교차 때문인지 기침하는 아이가 제법 있습니다. 거기에 모래바람까지 불어오니 봄은 왔는데 봄이 아닌 것 같습니다. 세상살이 어수선해도 시간은 정직한 법, 벌써 3월 하순입니다. 뜰의 자목련이 봄을 함빡 물고 하늘을 올려다보며, 백목련은 벌써 이파리에 자리를 물려줄 준비를 마친 듯합니다. 엊그제는 몸이 찌뿌둥하여 아리산에 오르다 진달래를 보았습니다. 이렇게 많은 생명이 부지런히도 움직이는데 나는 어떤 교사로 어떻게 살고 있는지 스스로 묻고 답하며 생활하고 있습니다.

안녕하세요?

새로 만난 아이들과 바뀐 교장 선생님 적응하랴 정신없이 보낸 한 달이었습니다. 같은 초등학교를 나온 아이가 많아서인지 학년 초인데도 벌써 오랜 시간을 같이 보낸 것 마냥 아주 친숙하게 어울립니다. 그런 모습을 바라보면서 흐뭇하기도 하고 또 한편으로 학습 분위기가 다소 흐트러지지 않을까 염려되기도 합니다. 하지만 저희 반에 들어오시는 선생님들께서 아이들이 발표도 잘하고 수업에 적극적으로 참여하는 등 분위기가 안정되어 있다고 칭찬을 해주셔서 다행으로 여기고 있습니다.

중학생이 되면 좀 의젓해지고 차분해진다고들 하는데 부모님 보시기엔 어떤지 모르겠습니다. 아무래도 보통은 중학교 생활과 사춘기가 겹치기에 가끔 말대답도 하고, 어디 좀 같이 가자고 하면 싫다고 하는 등 초등학교 때와는 다른 행동을 보여서 놀라지 않으시나 모르겠습니다. 커가는 과정에서 보이는 자연스러운 행동이니 잘 다독이고 칭찬과 격려 속에서 키우다 보면 갈등도 많이 줄어들고 마음도 편해지시지 않을까 생각합니다.

학교에서 아이들을 보면 커가는 속도가 눈에 보일 정도로 빠른 것 같아 신비롭기도, 또 그만큼 커다란 책임감도 느끼곤 하지요. 부모님 보시기에 공부는 안 하고 늘 컴퓨터와 텔레비전에만 빠져 놀기만 하는 철 없는 어린애 같아도 학교에서 발표나 말하는 것을 들어보면 얼마나 의젓한지 모릅니다. 나름대로 생각도 깊고요. 무엇보다 칭찬으로 크는 아이들입니다. 작은 일에도 많은 칭찬을 해주신다면 보다 건강하게 커가지 않을까 싶습니다.

아이들이 올곧게 크기 위해서는 늘 부모님과 대화를 갖는 것이 필요합니다. 틈틈이 학교 일, 친구 일, 또는 미래의 꿈에 대해 자연스럽게 이야기 나누는 기회를 가지시면 좋을 것 같습니다. 부모님과 대화가 많은 아이 중에 곁가지로 새는 아이들이 없다고 합니다. 생활하시기 바쁘고 쉬운 일 아니지만, 아이의 건강한 성장을 위해 그보다 더 좋은 것은 없다고 생각합니다. 어머니께 아이들 교육에 대한 모든 것을 맡기기보다는 아버지들의 적극적인 역할이 중요하지 싶습니다.

3월에는 학급에서 '칭찬 빙고'와 자신을 되돌아보는 '자기긍정도 검사'를 했습니다. 그리고 1학년이 끝날 때를 상상하며 자신에게 편지를 쓰는 '꿈 편지쓰기'를 했습니다. 편지는 정성스럽게 상자에 담아 교실 앞 텔레비전 위에 올려놓았습니다. 수시로 자신이 정한 삶의 목표를 생각하며 노력하고 되돌아보자는 뜻이지요. 저도 수시로 아이들의 꿈을 점검하고 생활 속에서 꾸준히 실천하도록 노력하겠습니다.

매일 아침 학급신문인 '희망쌓기'를 발행하고 있습니다. 아이들과 더불어 나누고 싶은 좋은 이야기와 전달사항, 홈페이지에 올렸던 아이들의 글과 칭찬으로 채웁니다. 아이들에게 잔소리 대신 칭찬과 인정과 격려로 만나려는 의지로 가급적 매일 발행하고 있으며 학급 홈페이지에도 올리고 있습니다. 혹 기회가 되어 읽어 보시면 아이들 학교생활에 대한 이해가 쉽지 않을까 합니다.

희망쌓기 뒷면에는 짧은 글쓰기로 매번 주제를 정하여 200자씩 글을 쓰게 합니다. 첨삭지도를 하려고 하는데 아직 아이들이 글 쓰는 연습이 충분하지 않아 그 단계까지는 못 가고 있습니다. 어렵더라도 꾸준히 해보려고 합니다. 아울러 학부모님들의 도움으로 학급문고인 '작은도서관'을 개관하였습니다. 저도 10권의 책을 기증하였으나 아직 모든 아이가 동시에 한 권씩 읽기에는 조금 부족합니다. 언제든 다 읽은 책이나 아이들에게 선물하고 싶은 책이 있으면 보내주시기 바랍니다. 잘 읽고 돌려보다가 연말에 반납하겠습니다.

학부모 총회가 있었고 열다섯 분의 어머님이 다녀가셨습니다. 어떠한 형태로든 부모님들과의 만남이 있어야 한다고 생각합니다. 그래서 가정방문을 하려고 합니다. 가정방문은 가정형편을 살피기보다는 교육환경을 둘러보고 아이들에 대한 정보를 얻어 교육적으로 활용하기 위함입니다. 시간을 내시면 다행이지만 부득불 그럴 수 없으시면 아이와 집에서 이야기하는 것으로 하겠습니다. 정말 편하고 부담 없이 찾아뵙고 이야기를 나누려고 합니다. 아직은 부모님들이 학교에 오시는 것을 부담스럽게 생각하시고 전화상으로도 한계가 있어 여러 오해의 소지에도 불구하고 하는 것인 만큼 제 뜻이 왜곡되지 않도록 많은 협조를 부탁드립니다. 혹 저의 방문이 많이 불편하신 부모님께는 메일이나 전화 등 편한 방법으로 대신하겠습니다. 가정방문의 경우 적정한 시간을 알려주시면 참고하도록 하겠습니다.

　봄은 어느 날 갑자기 덜렁 오지 않고 올 듯 말 듯 멈칫멈칫 오지요. 그래서 더욱 간절하고 매력이 넘치는가 봅니다. 그런 봄 변덕을 탓하지 말고 조금 느긋하게 기다리면 어느 날인가 완연한 봄볕에 흐드러지게 핀 산수유 가득 보게 되겠지요. 참 내일부터 산수유 축제를 한다네요? 봄기운과 꽃기운, 무엇보다 사람기운 듬뿍 받아 행복한 날들 되시길 바랍니다.

결과보다는 과정을 도우면 어떨까요?

새로운 꿈을 가슴에 품고 아이들과 함께 길을 나선 것이 엊그제 같은데 어디쯤 와있는지 돌아볼 겨를도 없이 세상이 온통 봄빛으로 출렁입니다. 나목들은 봄의 설렘으로 연초록 푸른빛이 더욱 선명해지고 바람결에 따라 출렁이는 모습도 참 아름답게 다가옵니다. 열린 창문으로 들어온 바람에 블라인드가 달그락거리며 소리를 내는데 왠지 가슴이 찡한 느낌도 듭니다. 창밖으로 이렇게 아름다운 모습을 늘 볼 수 있다는 것은 저에게나 아이들에게나 감사해야 할 또 다른 행복이지요. 저도 그렇지만 아이들이 아름다운 감성을 가지고 늘 함께하는 것들에 대해 행복을 느끼며 살아갈 수 있으면 좋겠다 싶습니다.

안녕하십니까? 그동안 집안에 별일 없으시고 행복하셨으리라 믿습니다. 오는 월요일부터 중학교 입학하고 나서 치르는 첫 시험이라 신경이 많이 쓰이실 줄 압니다. 세상에 자식 교육보다 더 어려운 게 없다는데

'교사'라는 이름으로 20여 년을 살면서 교육에 대해 이러니저러니 말만 하고 다녔지 저 역시 두 아이를 제대로 가르치지 못해 언제나 허둥거립니다. 다만 저는 아이를 '내 입맛에 맞는 인간'으로 키울 수는 없다는 사실을 확신하며 그에 걸맞게 실천하려 노력하고 있습니다.

이른 아침 출근길 나서며 오늘부터 시험을 치를 딸아이에게 '편안하고 자신 있게 시험 치길… 공부하는 과정에서 최선을 다하는 너의 모습에 아빠는 감동^*^'이라고 문자메시지를 보냈습니다. 조금만 거리를 두고 아이들을 객관적으로 보면 부모로서 얼마나 많은 욕심에 집착하고 있는지 저는 보이더라고요. 그래서 부모의 욕심이나 집착을 버리는 훈련과 칭찬과 대화를 많이 하려고 계속 노력하고 있습니다. 성장하는 아이가 겪어야 할 몫을 남겨두되 아이가 원하는 부분이 무엇인지 확인하고 도와주는 부모의 역할도 다하려고 노력합니다.

꼭 1년 전에 어머니가 돌아가셨습니다. 성장하면서나 성인이 되고 나서도 어머님 속을 가장 많이 썩이는 못난 자식이었기에 소회가 남달랐지요. 삶의 방법과 가치관에 대한 차이였지만 자식이 좀 더 편한 길, 고생하지 않는 길을 가길 원하시는, 그것이 진정 자녀를 사랑하시는 어머님의 마음이었음을 알기에 저 자신에 대해 얼마나 후회했는지 모릅니다. 생전에 누워계신 어머님께 이렇게 말씀드리면 아무 말 없이 고개만 저으시며 아니라고 말씀하셨지요. 그래서 더욱 마음 아팠습니다. 저희 어머님이나 이제 자식을 키우는 저나 모든 부모님의 마음이 같음을 알기에 아이들을 더욱 깊은 정성과 사랑으로 대하리라 다짐하곤 합니다.

작년까지는 일부를 제외하고 거의 모든 아이의 가정을 방문했습니다. 집안 형편을 보기 위해서가 아니라 아이의 공부환경을 살피고 부모님과 아이에 대한 정보를 나누기 위해서였습니다. 그런데 부모님들 마음을 살피지 않는 가정방문이 혹 부작용이 있겠다 싶어 올해 처음으로 설문조사를 받아보았는데 약 10여 분만 가정방문을 원하셨고 다른 부모님은 메일과 전화상담을 원하셨습니다. 아무리 뜻이 좋아도 방법에 문제가 있으면 그 효과는 반감될 수밖에 없겠지요. 부모님들의 뜻을 충분히 헤아리며 원하시는 방법으로 상담을 마치도록 하겠습니다.

특히 가정방문은 사회적 편견과 불편한 시선 속에서 실시하고 있는데 불편하셨을 자리 따뜻하게 맞이해주셔서 깊이 감사드립니다. 아이들의 교육환경을 이해하고 저의 역할을 확인하는 좋은 기회였을 것으로 생각합니다. 부모님들의 요구와 소망이 무엇인지도 확인할 수 있는 자리였고요. 어떠한 형태도 좋으니 아이의 건강한 성장을 위해 담임과 대화하시길 원하는 좋은 방법이 있으면 수시로 연락해주시기 바랍니다. 기쁘고 즐거운 마음으로 대화를 갖도록 하겠습니다. 교사와 학부모의 관계가 순수하고 서로 존중하며 서로의 입장을 이해해주는 관계였으면 좋겠습니다.

거듭 부탁드리건대 설령 담임이나 교과 담임의 지도방법에 불만이 있으시더라도 아이들 앞에서는 자제해주시고 교사와 직접 대화로 풀어갔으면 합니다. 간혹 교사에게 무례한 아이들의 말투와 행동을 봅니다. 교사가 아이들에게 신뢰를 잃으면 결국 가장 큰 피해는 아이에게 돌아가지 않을까 싶습니다. 교사를 위해서가 아니라 아이들을 위해 다시 간곡하게 부탁드립니다.

매일 아침 학급신문인 '희망쌓기'를 발행하여 아이들에게 나눠주고 학급 홈페이지에도 올리고 있습니다. 일부 어머니께서 아이의 학교생활을 이해하는 좋은 자료라고 칭찬을 해주셨습니다. 시간이 되시면 챙겨 읽으시고 혹 들려주고 싶은 좋은 글이나 조언 있으시면 홈페이지를 통하여 적극적으로 참여해주시길 부탁드립니다. 홈페이지에는 다음 날 숙제나 준비물 등도 올리고 있습니다. 아이들이 스스로 하겠지만 부모님께서 함께 챙겨주시면 더 알찬 학교생활을 할 수 있을 것입니다.

또한 모둠일기를 돌아가며 쓰고 있습니다. 일주일에 하루 정도니까 큰 부담이 되지 않을 것입니다. 자신의 삶을 성찰하는 훈련이 되고 반복되는 생활 속에서 새로움을 발견하는 힘을 길러줄 것으로 생각합니다. 아이들이 일기장에 써서 제출하면 홈페이지에 제가 매일 옮겨 적고 있습니다. 자녀와 친구들의 글을 홈페이지를 통해 읽으실 수 있으니 아이들을 이해하는 좋은 자료가 되겠다 싶습니다. 빠뜨리지 않고 생활 글쓰기가 될 수 있도록 지도 부탁드립니다.

오는 4월 30일부터 시작해서 5월 2일까지 중간고사를 치릅니다. 진지하게 공부하고 수업에 집중하는 모습을 보여 다행스럽게 생각하지만 학원에 너무 의존하여 스스로 공부하는 힘을 잃어가는 것은 아닐까 염려가 됩니다. 또 결과에만 너무 집착하는 것은 아닌지 걱정입니다. 시험공부를 하는 과정을 통해 스스로 성장하는 힘을 기르며 건강하게 커가길 소망해봅니다.

5월에는 수련회와 체육대회, 들꽃 전시회 등이 계획되어 있습니다. 순간순간 최선을 다해 정성으로 아이들과 만나겠습니다. 내내 건강하시고, 살아있는 것만으로도 행복한 가정의 달 5월을 맞이하시길 기원합니다.

아버님들께 드리는 편지

아침 출근길에 보았던 노란 애기똥풀의 모습에 취해 들어선 학교에도 담장을 따라 분홍색 철쭉꽃이 한창이었습니다. 바로 교무실로 들어서기가 왠지 미안해 잠시 쭈뼛거리다 들어왔지요. 창문을 열면 마음까지 푸르러지는 아리산 녹음 고즈넉이 바라볼 수 있고, 고운 바람결 그대로 교실까지 들어오니 천국이 따로 없습니다. 내가 발붙이고 살아가는 지금, 여기가 천국이라 믿고 있습니다. 이곳에서의 근무는 그런 의미에서 큰 혜택을 받고 살아가는 것이라 여겨 늘 감사하고 있지요. 거기에 하루하루 새로운 모습으로 커가는 해맑은 아이들과 함께한다는 것은 더없는 기쁨이요 축복이라 여기며 저에게 주어진 책무에 충실해야겠다 다짐하곤 합니다.

안녕하세요? 아버님의 귀한 자녀의 학교생활을 책임지고 있는 1학년 1반 담임 이범희입니다.

경제가 워낙 안 좋다고들 하는데 하시는 일은 잘되시는지요? 예쁘다는 말을 들은 난초는 더욱 아름답게 자라고, 볼품없다는 말을 들은 장미는 자학 끝에 시들어버린다고 합니다. 스스로 힘이 되는 주문을 많이 외우시며 건강하게 이겨내시길 기원합니다.

아이들의 담임을 맡은 지 엊그제 같은데 벌써 한 학기도 반이 지나갑니다. 그간 아이들이 좀 더 편하게 다가와 고민을 나누며, 기쁨과 슬픔을 함께할 수 있는 좋은 선생이 되려고 노력했지만 많이 부족했던 것 같습니다. 절치부심 게을러지지 말고 항상 깨어 아이들이 건강한 몸과 마음을 갖고 성장할 수 있도록 최선의 노력을 다하겠습니다.

한 조사에 따르면, 자녀의 학년과 반을 정확히 알고 있는 어머니는 90%이나 아버지는 70%가 채 안 되었으며, 담임교사의 이름을 알고 있는 어머니는 70%였고 아버지는 절반이 안 되었다고 합니다. 자녀의 교육에 대한 관심이야 아버님, 어머님이 모두 지극하시겠지만 부딪히는 현실에서의 관심은 꼭 그렇지만도 않은 것 같습니다. 하는 일이 바쁘고 생계에 쫓기다 보면 어쩔 수 없는 측면이 있습니다. 하지만 지금까지 자녀의 교육은 어머니가 알아서 하는 것이라는 잘못된 고정관념에서 아버지들은 과정보다는 성적이나 아이들 행동의 결과에 대해서만 어머니와 아이들을 꾸짖는 왜곡된 교육관의 모습을 보이지 않았나 모르겠습니다. 물론 저도 돌아보니 크게 다르지 않았네요.

이에 자녀를 건강하게 키워가는 데 아버지 모임을 통하여 자녀 교육에 관한 정보를 함께 나누고 자녀 친구들의 아버지들과 친분을 나누는 것 역시 중요할 수 있겠다 싶어 함께하는 자리를 만들고자 합니다. 하시는 일로 바쁘시겠지만 참석하시어 의미 있는 자리를 만들어갈 수 있기를 바랍니다.

참석 여부를 아이들 편에 미리 알려주시면 준비하는 데 도움이 될 것 같습니다. '아버지 모임' 이름만 되뇌어도 든든하고 가슴 벅찹니다. 여유로운 마음으로 모임 날 뵙겠습니다. 고맙습니다.

푸르고 싱그럽게
그렇게 자라도록

금세 소낙비라도 뿌릴 듯 먹장구름 가득 품은 하늘을 이고 수업 없는 잠깐의 여유를 가져봅니다. 봄기운에 취해 지내던 것이 엊그제 같은데 벌써 여름의 문턱에 성큼 들어서 오후가 되면 아이들이 축축 늘어지고 힘에 겨워합니다. 신이 우리에게 주신 아름다운 선물 중의 하나가 사계절이 아닌가 싶은데 마음이 조금만 가난하다면 어느 계절인들 넉넉하고 풍요롭지 않겠습니까? 아이들이나 그런 아이들을 대해야 하는 교사들이나 모두 건강하고 슬기롭게 이겨내기를 기원해봅니다.

안녕하십니까? 그동안 학부모님 가정에 별일 없고 행복하셨으리라 믿습니다. 지난 중간고사의 결과에 대해 이미 성적표를 받아보셔서 아실 것입니다. 부모님들이 보내주신 글 중에 학교 입학하여 첫 시험이라 기대가 많았는데 결과를 보고 충격이 컸고 성적 향상을 위한 뚜렷한 방법이 없어 답답하다는 내용이 많았습니다.

각각 중학교와 고등학교에 다니는 아이를 둔 저도 학부모님들과 똑같은 고민을 합니다. 학교에서는 아이들에게 이렇게 하자, 저렇게 하자고 하면서도 정작 제 아이에게는 어쩌지 못하고 있지요. 컴퓨터 좀 그만하라고 하면 텔레비전 켜고, 텔레비전 좀 그만 보라고 하면 컴퓨터 앞에 앉습니다. 공부 좀 하라고 하면 방에 들어가 꾸벅꾸벅 졸고요. 공부는 억지로 되는 게 아니다 싶습니다. 신문을 함께 꾸준히 읽고 그 내용을 토대로 대화를 많이 하고 스스로 공부의 필요성을 느낄 수 있게 여건을 만들면서 힘들지만 기다리려고 노력하고 있습니다. 내 아이가 재미있어 하는 것은 무엇일까? 만나는 친구들은 누구일까? 되고 싶어 하는 것은 무엇일까? 이런 부분을 알아 아이를 좀 더 깊이 이해하고 도울 수 있는 것은 도와주려고 노력하고 있습니다.

지난 시험을 준비하면서 대부분 진지하게 공부하고 수업에 집중하는 모습을 보여 다행스러웠습니다. 하지만 너무 일찍 시험공부를 시작해 시험이 임박해서는 지쳐 하는 아이들이 더러 눈에 띄어 많이 안타까웠습니다. 일 년 내내 시험의 중압감에 시달려야 하는 것은 아닌지 모르겠습니다. 열심히 하되 마음의 여유와 좀 더 장기적인 계획을 가지고 공부하면 좋겠다 싶습니다.

부모님께서도 1, 2점에 너무 연연해하지 마시고 칭찬 많이 해주시며 자기 공부, 스스로 서는 공부가 될 수 있도록 지도해주시면 좋을 듯합니다. 친구들과 경쟁하는 법보다는 게으른 자기 자신과 경쟁하는 법을 배우는 것이 지치지 않고 행복하게 꾸준히 공부할 수 있는 비결이 되지 않을까 싶습니다.

수련회도 잘 다녀왔습니다. 유난히도 더운 날씨 탓에 힘들었지만 학교에서 보던 모습과는 달리 힘든 일 서로 의지하고 배려하며 공동의 문제를 해결하는 진지한 모습이 아름답고 의젓해 보였습니다. 평소의 걱정이 말 그대로 기우였다 싶었습니다.

18일에는 교내 체육대회가 있었습니다. 아이들의 단합과 열정으로 전 종목에 걸쳐 고른 득점으로 공동 1위를 했으나 고득점 우선에 밀려 아깝게 준우승을 했습니다. 부상으로 4만원 상당의 도서상품권을 받았습니다. 어디에 쓸 것인지 회의를 했는데 불우이웃을 돕자는 의견과 단체로 봉사활동 가면서 쓰자는 제법 어른스러운 말로 저를 감동시키기도 했습니다. 더운 날 아이들에게 간식과 음료수를 제공해주시고 함께 응원해주신 어머님들께 깊이 감사드립니다.

아마 아이들이 여러 활동으로 마음 들뜨게 5월을 보내지 않았을까 싶습니다. 그 과정에서 저는 '교사로 살아감'의 의미를 되씹어 보아야 할 커다란 상처를 받아 마음을 추스르느라 애를 먹고 있습니다. 그래서 죄송스럽게도 날짜까지 잡아놓았던 '아버지 모임'을 취소할 수밖에 없었습니다. 너그러이 용서해주시기 바랍니다. 아이들의 사랑과 부모님들의 격려로 하루빨리 치유되어 아이들과의 만남이 전처럼 신 나고 즐거운 시간이 되기를 소망해봅니다.

6월은 수행평가 마감기간입니다. 과목별로 요즘 한창 수행평가를 진행하고 있습니다. 꼭 챙겨야 할 일을 학급 홈페이지에 매일 올리고 있으니 아이들이 수행평가를 정해진 시간에 빠뜨리지 않고 제출할 수 있도록 살펴주시길 부탁드립니다.

6월 21일은 경기도 학업성취도 평가를 봅니다. 외부에서 시험지를 가져다 보는 시험이고 경기도의 모든 아이가 보는 시험이니 아이들의 객관적 실력을 검증하는 좋은 기회입니다. 차분하게 공부할 수 있도록 지도해주시기 바랍니다.

다음 주에는 공부하는 방법과 일상생활에 대해 제가 진행하는 집단상담을 실시하려고 합니다. 아이들의 태도와 행동을 변화시키려는 의도에서 참여하는 아이들 스스로 조직을 탐구하고 자신들을 괴롭히는 문제를 드러내어 함께 해결하는 과정입니다. 꼭 급한 일이 아니면 아이들이 참여할 수 있도록 협조하여 주시기 바랍니다.

3월부터 5월까지 교문에서 지각과 복장 등 생활지도를 한 내용의 통계치를 함께 보내드립니다. 집에서는 일찍 나와도 친구들과 만나 함께 오면서 지각하는 아이들이 있는 듯합니다. 작은 부분이지만 습관이 되면 앞으로 성장하는 데 나쁜 영향을 줄 것 같습니다. 바쁘시겠지만 함께 지도하면 더 좋은 효과가 있으리라 믿어 지도 부탁드립니다.

저와 아이들의 학급생활이 교사들이 보는 '교육희망'이라는 신문에 실렸습니다. 내세울 것 없는 부끄러운 이야기지만 함께 기뻐하고 축하할 일이라 여겨 보내드립니다.

상당히 더워졌습니다. 몸과 마음이 지치기 쉬운 계절이지요. 그럴수록 주어진 행복에 감사하며 즐거운 마음을 갖는 것이 더위를 이기는 가장 좋은 방법이 아닌가 싶습니다. 늘 건강하시고 가정에 행운이 깃들기를 소망합니다. 다음에 다시 인사드리겠습니다. 감사합니다.

몸과 마음이 성장하는
여름방학

일찍 찾아온 무더위와 계속되는 장마로 심신이 지치기 쉬운 계절에 모든 가정이 평안하리라 믿습니다. 어느덧 1학기가 마무리되고 방학을 맞이하게 되었습니다. 하루하루 살얼음을 걷는 듯 조심스럽게 보낸 시간이었지만 부모님들의 각별한 성원과 격려, 칭찬이 있었기에 큰 걱정거리 없이 잘 마무리할 수 있었습니다. 감사드립니다.

유난히 개구스럽다는 이번 아이들과 생활하면서 조금씩 서로에게 익숙해지고, 이제 좀 지낼 만하다 싶으니 방학입니다. 모두 큰 사고 없이 건강하고 씩씩하게 학교생활 해준 것이 고맙고 대견합니다. 하지만 성적은 여러 차례 확인 꼬리표가 배부되는 과정에서 벌써 아이들의 관심 밖이 되어버렸고, 야무지게 방학 학습 계획을 세우는 아이는 거의 없어 보입니다. 아직도 시험 전 며칠 공부하는 것으로 할 일 다했다고 생각하는 아이들에게 건강한 심성, 진정한 공부와 진로는 아득한 미래의 일로만 느껴지나 봅니다. 그렇기에 비록 한 달간의 짧은 방학이지만 아이들을 가정으로 보내는 마음이 걱정스럽기만 합니다.

진부한 이야기이지만 방학은 단순히 가정에서 쉬는 것이 아니고 학업의 장이 '학교'에서 '가정'으로 옮겨가는 것입니다. 그러니 부모님께서 아이가 학습 계획을 체계적이고 면밀하게 세우고 실천할 수 있도록 안내해주시기 바랍니다. 특히 평소에 함께하기 어려웠던 가족 여행이나 모임, 체험 학습 등 다양하고 의미 있는 활동을 통해 아이들이 건강한 심성으로 성장할 수 있게 하면 좋겠습니다.

또한 과목별로 예습, 복습을 철저히 하여 학력을 신장시킬 수 있도록 힘써 주시기 바랍니다. 공부에는 왕도가 없다고 합니다. 아이들이 꾸준히 예습, 복습하는 과정을 통해 공부의 맛을 알아갈 수 있도록 관심 있게 지켜보아 주시기 바랍니다. 아울러 다양한 분야에 걸쳐 폭넓은 독서를 함으로써 삶의 폭을 넓히고, 간접 경험을 통하여 인생의 진로를 탐색할 수 있도록 독서 지도를 해주시기 바랍니다. 하루하루의 생활을 계획하고 점검하며 반성하며 실천할 수 있도록 아이들에게 양식을 나눠주었습니다. 계획적인 생활이 되도록 가끔 살펴주시길 부탁드립니다.

학급 홈페이지에 온갖 상업적이고 외설적인 글이 올라와 관리의 문제가 있어 옮겼습니다. 옮긴 곳에 가입하시고 아이들과 함께 가끔 들러 방학 동안에도 소통할 수 있으면 합니다. 방학 동안의 제 일정을 알려드립니다. 참고하시고 언제든 연락해주시면 정성껏 최선을 다하도록 하겠습니다. 무더운 여름날 아이들과 하루하루 칭찬과 격려로 즐겁게 이겨내시길 기원하며 행복하고 건강한 여름날 되시길 바랍니다.

새로운 다짐으로
새 학기를 시작하며

기러기들이 V자를 그리며 날아가는 모습은 매우 아름답습니다. 기러기들이 V자를 만드는 것은 공기의 저항을 최소화하기 위해서라고 합니다. 그렇게 하면 그냥 날아갈 때보다 70%의 힘을 절약할 수 있다고 하네요. 맨 앞의 기러기가 가장 빨리 지치기 때문에 자리를 바꾸어가며 여행을 합니다. 덕분에 뒤에 따라오는 기러기들은 공기의 저항을 거의 받지 않습니다. 기러기들은 또 서로 소리를 지르며 방향을 알려주고 격려합니다. 부상을 당해 비행을 할 수 없는 기러기가 생기면 반드시 서너 마리가 낙오자와 함께 머뭅니다.

이처럼 기러기는 동료의 불행을 외면하는 법이 없답니다. 기러기로부터 큰 교훈을 얻습니다. 인생은 독창이 아니라 합창임을. 우리의 삶은 혼자만의 여행이 아니라 여러 사람과 함께 떠나는 여행임을.

어떤 능력과 실력을 갖추고 있어도 독불장군에게 미래는 없습니다.

서로 인정하고 격려하며 더불어 살려는 사람에게 밝은 미래가 보장됩니다. 서로 양보하고 격려하며 꾸준함으로 목적지까지 날아가는 기러기처럼 다시 새 학기를 맞이하는 우리 아이들이 차이를 인정하고 배려하며 존중하는 마음으로, '스스로 서지만 더불어 살아가는' 마음으로, 새로운 다짐과 옹골찬 결의로 새롭게 시작하길 바랍니다.

언제 오는가 했는데 9월이 왔고 언제 가는가 했는데 늦더위는 여전합니다. 그래도 아침, 저녁으로는 제법 선선한 바람 불어오니 자연의 섭리에 더욱 겸손해야겠다 싶습니다.

유난히 덥고 비도 많이 왔던 지난 여름방학을 어떻게 보내셨는지요? 끼니때마다 밥 차려주며 늦잠 자고 뒹구는 아이들 지켜보시느라 힘들지 않으셨는지요? 계획적인 생활을 위해 생활계획표를 나누어주고 방학과제와 권장도서 목록도 나누어주며 가끔 문자를 보내 독려하기는 했지만 방학평가표를 작성해보니 역시 스스로 실천하는 것은 어려웠던 모양입니다. 저나 부모님의 학창시절도 크게 다르지 않았을 테니 야단만 칠 일은 아니지요.

평소 스스로 공부하고 생활하는 습관을 갖지 못한 친구들은 아마 방학 때 더욱 어렵게 생활하지 않았을까 싶습니다. 다른 것도 그렇지만 특히 공부는 멀리 내다보고 해야 하고 기초가 탄탄해야 합니다. 학원에 지나치게 의존하거나 부모님의 잔소리에 의한 공부는 효과도 별반 없을 뿐아니라 기초를 탄탄히 해주는 것도 아니지요. 스스로 계획을 세우고 시간 관리를 하며 공부하는 습관을 가질 수 있게 평소에 지속적으로 지도해주시기 바랍니다. 저도 그 부분에 더욱 관심을 기울이겠습니다.

9월부터 영어와 수학 과목은 수준별 이동수업을 합니다. 지난 기말고사의 평균을 기준으로 '노력반'과 '창의반'으로 나누어 일주일에 2시간씩 합니다. 수준이 비슷한 아이들을 모아 진행하므로 수업의 질 향상에 보다 효과적이리라 생각합니다. 다만 어떤 형태로 수업이 진행되든 본인이 열심히 하지 않으면 아무 소용이 없겠지요. 물론 수준별 수업이 갖고 있는 분명한 한계가 있습니다. 수업은 따로 하고 시험은 같이 보는 우를 범하고 있습니다. 어느 반에 편성되었느냐보다 진중하게 최선을 다하는 노력이 뒷받침되도록 부탁드립니다. 학급편성의 결과를 예민하게 받아들이는 아이들이 있는 듯합니다. 돌아오는 중간고사 결과를 가지고 다시 반 편성을 할 것이니 이번 기회에 흥미를 갖고 수업에 좀 더 적극적으로 참여할 수 있으면 합니다.

아이들의 자제되지 않은 휴대전화 사용으로 수업을 비롯해 학교생활에 여러 문제가 나타나 생활지도에 어려움을 겪고 있습니다. 특별한 경우가 아니면 학교에 가져오지 않도록 부탁드리고 꼭 가져와야 할 경우 아침에 담임에게 맡겼다가 종례 후 찾아가게 하겠습니다.

우리가 살아가는 시기 중 어느 시기인들 중요하지 않겠습니까? 하지만 사춘기에는 하고 싶은 것도 많고, 또 그 많은 것을 할 수 없는 데서 오는 좌절과 불만도 큰 시기입니다. 이유 없는 반항이야 없겠지만 말대답도 하고 때론 서운한 행동을 하기도 하지요. 다들 커가는 과정이라 큰 틀에서 벗어나지 않는 한 있는 그대로 받아들이고 좀 더 기다리는 여유를 갖고 지켜보려고 노력하겠습니다.

다만 학교생활에 필요한 모든 것을 사물함에 두고 학교에는 빈손으로 오가거나 음식을 먹고 껍질이나 남은 것을 아무 곳에나 버리는 행위, 슬리퍼를 신고 통학하는 일, 두발이나 이성 문제 등에 대해서는 가정에서도 각별한 관심으로 지도 부탁드립니다.

교사의 양심으로 단언하건대 담임의 지도방침은 그 어떤 이유로든 누구도 차별하지 않는다는 것이며 오로지 아이들의 건강한 성장에만 관심이 있습니다.

교사의 지도방법과 생각이 다를 수 있으나 그것은 합리적인 방법으로 대화하고 조정되어야 한다고 생각합니다. 부모님들의 따뜻한 격려와 관심 부탁드립니다.

2학기에도 아이들과 더불어 행복한 학교생활이 되도록 최선의 노력을 다하겠다는 다짐을 드리며 건강하시고 가정에 좋은 일만 있기를 기원하겠습니다.

풍요롭게 가을이 영글듯
성장하는 아이들

추석 연휴 성묘를 갔다가 산에서 내려오는데 툭 하고 산밤 한 알이 떨어져 굴러옵니다. 엄지손톱만 한 밤알이 탱탱하게 잘도 여물었습니다. 손에 잡고 가만히 내려다보는데 괜히 마음이 짠해집니다. 지난여름 먹장구름에 장대비에 태양이 고개 한번 내밀기 눈치 보였던 날이 많았고, 밤송이에 빗물 마를 날 없었을진대 어찌 이리도 여문 밤톨이 되었을까? 시간이 흐른다 하여 절로 여물지는 않을 터, 햇볕을 보아야만 맛이 들고 햇볕을 쬐어야만 제 빛으로 익을 텐데 어느 틈에 햇살을 보았을까?

생명에 대한 애착, 삶에 대한 갈망. 그것이 밤알을 밤알답게 만들지 않았을까 생각해 보았습니다. 아이들에게 다소 어려운 이야기일는지 모르지만 하루하루 최선을 다하는 생활이 되도록, 스스로 영글어가려는 아이들에게 살포시 내리 쬐는 햇살이 되도록 더욱 노력해야겠다고 다짐해봅니다.

추석 연휴 잘들 보내셨는지요? 긴 연휴 끝의 일상이 다소 부담스럽기는 하지만 곧 다가올 중간고사 때문에 저도 아이들도 다시 긴장하며 하루하루를 보내고 있습니다.

지난 9월에는 아이들의 신체능력을 측정해보는 체력검사가 있었습니다. 요즘 아이들은 체격은 좋아졌지만 체력은 오히려 떨어졌다고 합니다. 평소 별도로 운동하지 않기 때문이라지만 마음껏 뛰놀 기회가 없어서 그런 것은 아닌가 싶어 안타깝습니다. 공부는 마치 오래달리기와 같아 체력이 뒷받침되지 않으면 그 긴 여정을 소화하기 어렵습니다. 짬짬이 적절한 운동을 할 수 있도록 각별한 관심 부탁드립니다.

경기도 논술능력평가도 있었습니다. 개인과 사회와의 적절한 관계가 무엇인지에 대해 쓰는 것이 논제였습니다. 논술은 대학 입시에서 비중이 높아지고 있는 분야로 글짓기와 달리 논리적으로 자신의 의견을 펼쳐야 합니다. 그런데 전체적으로 글을 풀어나가는 힘이 아직 부족해 보였습니다. 평소 많이 생각하고 많이 읽고 많이 써보는 것이 가장 중요한 논술공부겠지요. 일상생활에서 합리적으로 사고하고 대화하며 행동하는 것 또한 중요할 듯합니다. 일상과 괴리된 글은 아무리 화려해도 좋은 평가를 받기 어렵습니다. 지금보다 더 발전할 수 있도록 폭넓은 독서와 다양한 사고를 할 수 있는 분위기를 함께 만들어가면 좋겠다 싶습니다.

수학경시대회와 영어듣기평가도 있었습니다. 학과 공부의 대부분을 영어와 수학에 투자하는데도 많이 어려워합니다. 다른 과목도 그렇지만 특히 영어와 수학은 기초가 튼튼해야 다음 단계의 학습이 가능하고 꾸준히 성장할 수 있습니다. 그러므로 선행학습도 중요하지만 아이의 수준을 정확히 진단해보고 수준에 맞는 학습이 이루어지도록 지도하는 것이 중요하지 않을까 생각합니다.

남녀 구분 없이 장난이 심하고 들떠 지내는 경우가 많아 2학기부터 교실에 각자 화초를 키워 보기로 했습니다. 교실에서 화초나 식물을 가꾸는 것이 여간 어렵지 않습니다. 대부분 얼마 못 가서 죽는 경우가 많은데 그만큼 관심과 정성이 부족한 것이겠지요. 생명의 작은 변화를 통해 서로 존중하고 배려하는 마음을 갖게 하려고 합니다. 현재 절반 정도의 아이들이 가져왔는데 작은 변화를 관찰하여 글로 남기기도 하네요. 아직 가져오지 않은 친구들은 집에 있는 작은 화분도 좋고 감자나 양파의 싹을 틔우는 것도 좋습니다. 굳이 새로 사지 않아도 좋으니 교육적 효과를 거두며 서로 존중하는 아름다운 교실문화를 만들어갈 수 있도록 협조해주시기 바랍니다.

10월 8일부터는 중간고사를 실시합니다. 음악, 미술, 체육은 필기시험을 보지 않아 8과목만 보게 됩니다. 일정이 오래전에 발표되어 열심히들 공부하고 있지만 학원에 너무 의존하거나 추석 연휴 탓인지 긴장도가 떨어져 보입니다. 어제 시험공부 계획표를 나눠주고 부모님 확인을 받아서 가져오라고 했는데 몇몇 아이를 제외하고는 거의 작성하지 않은 듯합니다. 공부 그 자체도 중요하지만 주어진 시간을 효율적으로 분배하여 활용하고 관리하는 능력도 필요하다고 생각합니다. 계획 없는 공부는 자칫 특정 과목을 소홀히 하는 결과를 초래하기도 합니다. 구체적으로 계획을 세우고 그 계획을 점검하며 공부할 수 있게 지도 부탁드립니다.

12일에는 경북 문경으로 체험학습을 다녀올 예정입니다. 석탄박물관을 둘러보고 옛 탄광의 레일을 이용하여 자전거를 타는 레일바이크를 타고 올 예정입니다. 구체적인 일정과 준비물은 가정통신문을 통해 곧 알려드리겠습니다.

아직 날짜를 정하지 못했지만 10월 중에 학부모님과 아이들이 함께 하는 학급행사를 준비하고 있습니다. 전문강사를 초청하여 '감성적 인성 가꾸기' 강연과 학부모와 아이들이 즐겁게 만날 수 있는 프로그램을 계획 중입니다. 자세한 일정 역시 곧 알려드리도록 하겠습니다. 바쁘시겠지만 의미 있는 자리가 될 수 있도록 적극적인 참석 바랍니다.

요즘 잔소리가 늘어서 걱정입니다. 지시하고 명령하는 잔소리보다는 함께 생각하고 고민하면서 아이들 스스로 깨달음을 통해 스스로 성장할 기회를 많이 갖는 것이 올곧게 성장하는 길이라 생각합니다. 가정에서는 아이들에게 지시하는 말을 얼마나 하시는지요?

한창 신경이 예민한 시기의 아이들에게는 교사나 부모의 말이 무조건 잔소리로 들린다고 합니다. 특히, '엄마 잔소리 좀 안 듣고 살았으면 소원이 없겠다'는 말을 자주 듣습니다. 저도 그렇습니다만 부모 입장에서는 안 하려야 안 할 수 없어서 하는 것인데, 잔소리라고 짜증을 내니 아이가 때로 야속하게 느껴지기도 하실 것입니다. 잔소리하고 싶어서 하는 부모님은 아마 한 분도 안 계실 것입니다. 어쩌면 부모와 자식(교사와 학생)의 관계가 존재하는 한 영원히 해결하기 어려운 숙제일지도 모르겠습니다.

저 역시 이 문제에 대한 속 시원한 해결책이 없지만, 한 달에 한 가지라도 저 스스로 무언가를 해나갈 수 있도록 책임감을 부여해보는 것이 어떻는지요? 학급에서도 그렇게 아이들을 만나려고 더욱 노력하겠습니다.

가을이 깊어갑니다. 풍요롭게 가을이 영글어 가듯이 우리 아이들도 속이 알차게 성장하였으면 좋겠다는 바람을 가져봅니다. 환절기 늘 건강하시고 가정에 좋은 일만 있기를 기원하겠습니다.

서로 보듬으며
겸손과 배려로
올곧게 성장하길

날이 매우 쌀쌀합니다. 아침에 출근하려고 차에 오르면 제일 먼저 손을 비비고 히터를 켜야 할 정도입니다. 좋은 계절인 봄과 가을은 온다는 기별도 없이 왔다가 누려보기도 전에 떠나는 듯하네요. 그래서 더욱 아쉬운지도 모르지요. 소중한 것은 짧은 법인지 벌써 11월입니다. 아이들과 함께하는 시간이 정말 빠르게 흘러갑니다. 생각은 있는데 아직 못한, 해야 할 것이 많이 남아서 그런지 괜히 마음이 초조해집니다. 남은 시간 하루하루를 소중하게 아끼며 아이들 속으로 들어가 서로 보듬으며 겸손과 배려로 건강하게 만남을 가꾸어가도록 하겠습니다.

그동안 가족 모두 건강하시고 평안하셨는지요?

오늘 종례는 단풍잎 예쁘게 물든 운동장 한편에서 했습니다. 이렇게 아름다운 계절에 곱게 물들어가는 단풍잎이나 아리산에 뻗은 나무들 뒤로 투명한 가을 하늘 제대로 보지 못하고 생활하는 아이들의 감성을 건드려 보고 싶어서였지요. 아침에 종례를 안내하며 모일 때 가장 예쁜 단풍 잎 하나씩 갖고 모이자고 했습니다. 그런데 앞에 앉아 있던 창현이가 제 말의 모순을 발견하고는 한마디 합니다.

"선생님! 가장 예쁜 단풍잎이 어디 있어요? 예쁘다는 기준은 각자 다르잖아요."

한 방 얻어맞은 느낌이지만 왠지 모를 행복감에 젖습니다. 그렇게 생각하고 말할 수 있는 것이 그간 우리들 함께 나눈 삶의 결과인 듯싶어서 말입니다.

제가 아니라 그 어떤 선생님에게 영향을 받았든 서로의 다름과 차이를 인정하고 존중할 줄 아는, 그래서 조금씩 양보하고 배려하며 함께 살아감의 기쁨을 터득해가고 있는 것 같아 모처럼 교사로서의 보람에 취해 저녁 시간을 보내고 있습니다.

지난 23일에는 전문강사를 초청하여 저희 학급의 부모님들과 아이들이 함께 '마음을 따뜻하게, 관계를 새롭게'라는 주제로 갈등을 해결하고 따뜻한 감성을 통해 관계를 촉진하는 프로그램을 진행했습니다. 성적과 입시를 제외한 우리 아이들의 모든 삶이 유예될 수밖에 없는 상황에서 좀 더 행복한 삶을 위한 고민을 나눈 시간이었다고 생각합니다. 하지만 짧은 시간에 이야기의 초점을 부모님들과 아이들 중에 어디에 맞추어야 할지 막연하기도 하고 그날따라 컴퓨터 환경이 달라지면서 진행에 여러 어려움이 있었습니다. 이해해주시기 바라며 바쁘신 중에도 아이들과 함께하신 부모님들께 깊이 감사의 인사를 드립니다.

생활에 쫓기다 보면 마음을 열고 따뜻한 대화를 할 여건이 안 되거나 아예 얼굴 마주하는 시간이 적어 아이의 마음속 고민을 제대로 살피지

못하는 경우가 많습니다. 그러다 보면 어느새 아이들은 다양한 주변 매체의 영향으로 언어가 거칠어지고 행동이 감각적으로 흐르는 등 주변 사람들과 건강한 관계를 맺지 못하는 경우가 종종 있습니다.

이에 담임과 부모로부터 다양한 소통 방법을 찾아 관계의 건강성을 증진하고 일상생활에서 감사와 고마움, 칭찬과 사랑의 표현을 습관처럼 쓰도록 지도해야겠습니다. 굳이 칭찬의 말 하실 필요 없이 바람직한 변화를 정확하게 파악하여 그때마다 알고 있음을 알려주시는 일이 중요하겠지요.

아래 〈가정에서 학교로〉 난에 아이의 바람직한 작은 행동 변화에 대해 무엇이든 써주시면 저도 함께 격려하고 지지하려고 합니다. 또는 수시로 제 손전화로 문자를 주시면 담임이 알고 있다는 사실에 더 좋은 효과가 있지 않을까 싶으니 도와주시기 바랍니다. 교사와 부모님이 함께하면 아이들은 더 잘 성장한다고 확신합니다.

지난 토요일에는 여러 선생님과 함께하는 연수가 있었습니다. 주로 젊은 선생님들이었는데 학교 현장에서의 고민을 나눈 좋은 기회였습니다. 교사생활이 20년을 넘긴 저도 때로 힘에 부친다 싶을 때가 있는데 다른 선생님들 역시 아이들이나 부모님, 동료 교사로부터 마음의 상처를 많이 받은 듯했습니다. 교사인 저를 포함하여 아이들이나 부모님들이 서로 각자의 입장에서 내뱉는 정제되지 않은 말 한마디로 서로 생채기를 내고 있는 게 아닌가 싶어 씁쓸했습니다.

내가 행복해지는 방법이 무엇일까 곱씹어보며 내 삶의 이유인 아이들(부모님들)과 함께할 수 있는 것들을 실천하도록 노력하겠습니다. 서로 용기를 주는 말, 격려가 되는 말, 희망이 되는 말을 통해 모두가 행복해지는 그런 교실, 그런 학교를 그려봅니다.

고르지 못한 날씨에 가족 모두 건강하시고 하시는 모든 일이 뜻대로 이루어지시길 기원하겠습니다. 행복한 11월을 꿈꾸며 다음에 다시 소식 전하겠습니다.

겨울 벌판
무리 지어 하늘을 나는
새처럼

일 년 동안 서투른 몸짓으로 아이들과의 만남을 사랑과 격려로 지켜보아 주신 1학년 1반 학부모님 안녕하신지요?

겨울이라고는 하지만 봄날 못지않게 포근한 날들입니다. 겨울 날씨가 이리 포근하면 당장 지내기야 좋겠지만, 다음 해의 작물은 물론 생태계 전체에 미치는 영향은 별반 좋지 않겠지요. 쌀쌀한 추위를 이겨내는 건강함이 우리를 더욱 단련시킨다고 믿기에 적당한 어려움 정도는 즐기며 맞이하면 어떨까 싶은 생각을 해봅니다.

경제를 살리겠다는 새로운 대통령이 뽑히고, 천재지변이 아닌 사람의 과실로 국제적으로도 부끄러운 사상 초유의 해양 오염사고가 일어나고, 수학능력 시험의 이중 답안 문제로 대학입시가 혼란스럽지만, 소리 없이 시간은 흘러 그렇게 한 해가 저물어 갑니다. 이제 겨울방학입니다. 부모님과 함께 아이들 스스로 생활의 리듬을 조절해야 하는 40여일의 긴 시간 속에서 스스로 바로 설 수 있는 기틀을 다지면 좋겠다는 바람을 가져봅니다.

방학이면 집에서 뒹구는 아이들과 씨름하는 일이 만만치 않다고 하시며 빨리 개학하면 좋겠다고 하시던 어느 학부모님이 생각납니다. 중학교 1학년의 시기가 한참 감정의 변화가 심한 때라 언제부터인지 순하고 말 잘 듣던 아이가 꼬박꼬박 말대답도 하고 짜증과 신경질을 부리는 것을 보며 마음 아파하고 계신 것은 아닌지 모르겠습니다.

저나 부모님들의 성장 과정에서의 경험이나 많은 교육학자의 지적이 아니더라도 그 또래 아이들의 그런 모습은 자연스러운 현상이 아닌가 싶습니다. 급하게 어떤 변화와 다짐을 받아내려고 하기보다는 좀 더 여유와 인내로 기다리는 것이 필요하지 않을까 싶습니다. 해결 방법은 역시 대화와 사랑밖에 없겠지요. 아이가 스스로 계획을 세워 조금씩이라도 실천하는 모습을 보인다면 안심하시고 많이 격려해주시고 칭찬해주시길 부탁드립니다.

지난번 학부모 통신을 보내고 나서 여러 가지 일이 있었습니다.

기말고사를 보았는데 1학기에 비해 아이들의 집중도나 노력하는 모습이 덜 느껴져 안타깝게 바라볼 수밖에 없었습니다. 저의 눈에만 그렇게 보였다면 다행이겠으나 시험 중에도 일찍 답안지를 작성하고 엎드려 자거나 시험지 여백에 그림을 그리거나 낙서를 하는 모습으로 보아 쓸데없는 걱정은 아닌 듯합니다. 공부가 쉬운 일은 아니지만 이제 열네 살, 무엇이든 포기하기에는 이른 나이지요. 공부에 흥미를 갖지 못하는 친구들은 또래 관계나 교사와의 관계 또는 특별활동을 통해 학교생활에 재미를 가질 수 있도록 지도하는 것이 필요하다고 봅니다.

기초학력이 부족한 아이에게 수준을 뛰어넘는 학원이나 과외는 오히려 흥미를 떨어뜨리는 결과를 초래하지 않을까 염려됩니다. 요즘은 공부를 평생 하는 것이라고 합니다. 설령 입시를 위해 공부한다고 해도 아직 5년을 더 해야 합니다. 교과 성적이 부족하다면 기초부터 꾸준히 공부하는 것이 장기적으로 보아 의미 있는 학창시절을 보내는 것이 아닐까 싶습니다. 이번 방학이 자신의 미래를 생각해보고 목표를 세워 도전해보는 계기가 되기를 소망해봅니다.

좀 이른 감이 없지 않았지만 학급 마무리 잔치를 했습니다. 마무리 잔치에 한 가지씩 기여하기로 했는데 서툰 장기를 가지고 친구들을 웃겨준 아이도 있고, 분위기 있는 행사를 위해 교실을 예쁘게 꾸며준 아이도 있고, 사회를 본 친구도 있었습니다. 또 게임에 적극적으로 참여하며 분위기를 살려준 친구도 있었지요. 내 입장, 내 형편, 내 목소리만 내는 것이 아니라 각자의 재능을 가지고 멋들어진 마무리 잔치로 어우러질 수 있었던 것처럼 우리 아이들이 서로의 차이를 인정하고 존중하며 '우리'라는 이름으로 함께 어우러질 수 있다면 우리가 살아가는 세상이 좀 더 밝고 아름다워지지 않을까 싶습니다.

3월에 썼던 꿈 봉투를 열었습니다. 일 년 동안의 계획과 목표를 세워보고 생활에 대한 다짐 등을 적은 일종의 자신에게 쓴 편지인데 그 편지를 모아 상자에 담고 예쁘게 포장하여 교실 멀티장 위에 올려놓았었지요. 교실에 앉아 언제든 고개만 들면 쉽게 눈에 들어오라고, 그래서 그때의 다짐을 잊지 않고 늘 기억하며 살아가자고 그곳에 두고 중간 점검까지 했는데 아이들에게 어떤 느낌이었을지 모르겠습니다. 쉬 흐트러지고 결심을 오래 지켜내기 어려운 동적인 아이들이지만, 언뜻언뜻

지나치며 그 꿈을 지켜내려 노력하는 아이가 분명 있었으리라 확신하며 꿈 봉투를 열었습니다. 자신이 썼던 글을 읽으며 회한의 미소를 짓는 아이, 아쉬워하는 아이, 또 다른 다짐을 하는 아이와 함께 성장의 아픔을 나눴습니다.

방학을 하여 아이들과 늘 함께 지내다 보면 늦잠 자는 것, 텔레비전이나 컴퓨터에 매달려 지내는 것, 책 놓고 빈둥거리는 것 때문에 아이들과 다툼이 잦다고 합니다. 지금 그리고 미래에 서로 행복해지는 방법이 무엇일까 많이 생각할 시간을 주시는 것은 어떨까 하네요. 용기를 주는 말, 격려가 되는 말, 희망이 되는 말로 모두가 행복해지는 삶을 꿈꾸어봅니다. 방학 중 홈페이지로, 메일로, 손전화로 언제든 아이들 문제로 소통 가능합니다. 방학 동안의 제 일정을 알려드리니 참고하시고 연락을 주시면 정성껏 최선을 다하도록 하겠습니다.

고르지 못한 날씨 아이들과 하루하루 행복하시길 소망하며 새해에는 가족 모두 건강하시고 가정에 좋은 일만 가득하길 기도하겠습니다.

어느 학부모의
편지

이범희 선생님께.

제 아들은 이제껏 키는 170cm정도에 철이 없어 어린아이 같았습니다. 고2가 된 지금 열여덟 살이 되어 훌쩍 커버린 듯 가끔은 어른스러워 보이기도 했던 제 아들이 선생님을 담임으로 만난 개학 날부터 유치원생이 되었습니다.

수업을 마치고 돌아오면 문을 여는 순간부터 "우리 선생님 너무 좋아"를 연발하며 책가방에서 학급신문인 '희망쌓기'를 꺼내어 건네줍니다. 지면에는 살아가는 데 힘이 되는 좋은 글과 선생님께서 학생들에게 전달하는 종례사항 같은 글이 사랑과 정성으로 듬뿍 담겨 상세하게 기록되어 있었습니다.

이제 막 교사로 첫발을 내디뎌 의욕이 넘치는 시기도 아니고 교직 생활 20년째라고 하시는데, 정말 놀라웠습니다. 학부모 총회를 다녀오며 정말 개인적인 삶의 모습이나 교사로서의 마음가짐이 철저히 준비된 모습을 보며 부족한 엄마로서 무척 부끄러웠습니다.

아들의 3월 모의고사 가채점 성적이 볼품없었지만 선생님께서 "잘했어"라고 말씀해 주셨다는 이야기를 전해 듣곤 마음이 울컥했습니다.

아침에 등교할 때 아무리 늦어도 우아하게 걸어가던 우리 아들이 이젠 교문 앞에서 달리기 시작합니다. 그 모습 하나만의 변화에도 선생님께 정말 감사드립니다.

고1 중간고사를 마치며 이젠 절대 성적으로 다투지 않겠다고 마음먹었습니다. 다만 좀 단정하고 배려심 있는 학생으로 안전하게 학교 잘 다니기를 바랐습니다.

하지만 이젠 희망을 품고 싶습니다. 조금 더 나아지기를, 모습도 습관도 인성도 성적도.

우리 아들이 지금의 첫 마음가짐으로 선생님의 모습을 바라보며 학교생활을 하면 반드시 조금 더 나아지리란 희망을 품게 됩니다.

선생님 감사합니다.

부모님의 마음을
살피겠습니다

첫 학부모 총회가 무사히 끝났습니다. 여러 일로 바쁘셨을 텐데 아주 많은 학부모님이 참석해 주셨습니다. 학교의 주요 문제를 심의하고 지도와 조언해주실 학교운영위원도 새로이 선출되셨고 우리 학교의 또 다른 주체인 학부모회도 잘 구성되었습니다.

자녀를 흥덕고에 보내고 학교에서 돌아오는 아이에게 걱정과 우려 담아 '오늘은 학교생활이 어땠니?'라고 물으시며 그간 보름을 보내시지 않았을까 싶습니다. 아이들이 돌아가고 난 빈 교실이었지만 그래도 학교에 와 직접 보니 좀 마음이 놓이시지 않던가요? 잠깐이지만 그래도 담임선생님들 만나 뵙고 나니 안심이 되지 않던가요?

이른 새벽에 일어나 눈 비비며 학교로 출발해야 할 만큼 아주 먼 거리에서 통학하는 아이들의 부모님이 하시는 걱정, 지금까지 살아오며 부모 속 한번 썩이지 않고 내내 학교 잘 다녔던 아이들의 부모님이 하시는 걱정, 소위 일류대라고 불리는 대학에 갈 수 있을 것 같은 가능성을 갖고 좋은 성적으로 입학한 자녀를 둔 부모님이 하시는 걱정, 무단결석과 지각, 조퇴 그리고 흡연으로 언제 담임선생님에게 전화가 올지 조마조마하게 하는 아이들 부모님의 걱정, 지난해에는 잘 몰랐는데 이제 신입생 많이 들어와 선생님들의 사랑과 관심이 줄어들지 않을까 염려하는 2학년 부모님의 걱정, 그 모두를 가슴에 담겠습니다.

홍덕고의 학부모는 어찌 보면 다른 학교 학부모보다 더 바빠야 할지 모릅니다. 홍덕고의 학부모 역할은 더 힘들고 어려울지 모릅니다. 무조건 학교에 요구하는 것이 아니라 함께 고민하고 함께 해결해야 하기 때문입니다. 내 아이에게만 관심 갖고 사랑을 주는 것이 아니라 우리의 아이들에게 골고루 사랑을 주어야 하기 때문입니다. 선생님들에게 돈으로 할 수 있는 지지의 표시는 절대 하지 말아야 하지만 마음에서 우러나오는 존경과 지지를 보내야 하기 때문입니다. 내 하고 싶은 이야기만 하는 것이 아니라 들어주고 이해하고 함께 가야 하기 때문입니다. 진학뿐 아니라 더 멀리 진로를 고민해야 하기 때문입니다. 함께 책 읽고 함께 공부해야 하기 때문입니다.

하지만 그 길이 고통스럽지 않으리라고 확신합니다. 우리 아이들이 행복해지는 길이며 우리 사회가 건강해지는 길이라고 믿기 때문입니다. 그 길에 우리 선생님들이 함께하겠습니다. 우리 선생님들은 또 다른 부모이기 때문입니다. 늦은 밤, 저녁도 거른 채 피곤을 딛고 학교로 향하신 발걸음의 의미를 헤아리겠습니다. 추위에 복도에서 담임선생님과 이야기를 나누기 위해 기다리시던 그 마음을 헤아리겠습니다. 홍덕고 학부모님들에게 뜨거운 연대와 사랑의 마음을 전합니다.

다시 부모의 마음으로
아이들을 맞이합니다

잿빛 하늘에 한기까지 느끼며 '봄은 왔지만 봄이 아니다'는 말을 몸으로 실감하려는 듯 입학식을 치르고 벌써 며칠째 몸살로 힘든 시간을 보내고 있습니다. 3월에 바쁘면 삼류 교사요, 1·2월에 바빠야 진짜 교사라고 전입해 오시는 선생님들을 포함하여 전 교직원이 연수와 워크숍, 신입생·학부모 상담을 하느라 바쁘게 보냈는데, 그런 선생님들 보기 민망하게 저 혼자 표 내고 있어 부끄럽습니다. 뭐 하나 쉽게 오고 가벼이 얻어지는 것 없지만, 그래도 자연의 순리는 거역할 수 없을 테니 곧 따뜻한 봄날이 우리 앞에 펼쳐지겠지요.

엊그제가 경칩이었습니다. 그 큰 눈 껌벅거리며 세상에 나온 개구리에게 우리 살아가는 세상은 어찌 보였을까 잠시 생각에 잠겨봅니다. 세상 살아가는 이유와 살아가는 법을 가르치는 것이 교육이라면, 세상살이 아이들에게 명쾌하게 이야기해줄 자신이 없어 머쓱해지는 요즘입니다. 또 다른 부모로 아이들 만나는 저와 우리 선생님들은 오로지 건강하고 아름답게 성장하는 우리 아이들만 가슴에 담고 주어진 길 걸어야지 다짐해봅니다.

학부모님들은 어떠신지요? 환절기에 건강들 하시고 하시는 일 모두 잘되시는지요? 세월은 참 빨라 우리 학교가 벌써 3회 입학식을 치렀습니다. 입학식에서 댄스와 어쿠스틱 밴드의 공연과 방송반 아이들이 만든 영상도 좋았지만 연극반 아이들의 퍼포먼스인 박 터뜨리기가 특히 좋았습니다. 오랜 기억 속의 추억 한 자락과 함께 먼저 터지기도 하고 또 한발 뒤처져 터지며 십 대를 벗어나는 문턱의 끝없는 도전의 홍덕고에서, 그들의 꿈이 열정과 사랑으로 가을밤 초가지붕에 하얗게 피어났던 박꽃처럼 아름답게 터뜨리길 소망했습니다. 2월 그 바쁜 틈에 짬짬이 모여 연습한 '정말 잘 될 거야'라는 노래로 아이들에게 희망과 자신감을 심어준 선생님들의 합창도 큰 감동이었습니다.

홍덕고등학교의 지난 2년을 되돌아보면 정말 꿈같은 시간이었습니다. 하지만 상급학교 진학만을 위한 실적주의, 많은 시간을 학교에서 보내는 것이 최상의 교육 서비스라 생각하며 '퍼붓기'와 '받아먹기'에 급급했던 물량주의, 실질적인 배움보다는 진도 나가기에 바빴던 형식주의 그리고 학생과 학부모를 대상으로 여기는 상대주의 등의 오랜 세월 굳어진 왜곡된 학교문화를 극복하고 새로운 학교문화를 만들어가는 과정에서 수많은 어려움을 겪어야 했던 지난한 세월이기도 했습니다.

얼마나 잘하는지 두고 보자는 주변의 질시도 있었고 공동체의 질서를 무너뜨리는 절제되지 못한 행동을 혁신학교의 이름으로 방어하려는 몰이해도 있었습니다. 하지만 대다수 건강한 의식을 가진 구성원들의 학교에 대한 자긍심과 교사에 대한 신뢰를 바탕으로 누구도 해내지 못한 교육적 성과를 이루며 여러 언론과 주변으로부터 주목을 받기 시작했습니다. 그간의 관심과 격려에 진심으로 감사의 인사를 드립니다.

우리 학교는 올해도 다양한 프로그램으로 아이들을 만날 계획입니다. 지난해에 이어 전교과 교과교실제를 실시하여 특화된 교실에서 다양한 수업 방법으로 모든 아이가 배움에서 소외되지 않도록 노력하겠습니다. 교사의 전문성 신장을 위하여 여러 차례 연수와 수업비평회를 실시하며 교사가 먼저 꾸준히 공부하는 모습을 아이들에게 보여주며 함께 성장하겠습니다. 올해부터 고교교육력 제고 시범학교로서 영어와 수학에 기초반이 개설되어 배움의 시기를 놓친 아이들에게 다시 한 번 배움의 기회를 갖도록 하겠습니다. 최고의 교육복지는 수업시간에 소외되는 아이들이 없도록 하는 것이라고 생각합니다.

입시 앞에 놓이면 모든 부모님은 불안할 수밖에 없습니다. 조바심에 자꾸 사교육에 눈길이 가게 됩니다. 하지만 사교육에 너무 의존하다 보면 오히려 자기 공부를 할 기회를 놓치는 경우가 많습니다. 아이들과 씨름하는 것이 여간 어렵지 않다는 것을 제 자식 경험을 통해 잘 알고 있습니다. 마음대로 되지 않는 것도 잘 알고요. 힘드시겠지만 학교와 교사들을 믿고 학교에서 실시하는 자율학습이나 아카데미, 봉사활동 등 다양한 프로그램에 적극적으로 동참하도록 권장해주시고 함께 최선을 다해주셨으면 합니다.

새 학기를 시작하며 몇 가지 간곡한 당부의 말씀을 드립니다. 먼 거리에서 버스로 등교하는 아이들이 많아서 그런지 지각하는 아이가 제법 있습니다. 우리 학교 등교시간은 인근 인문계 고등학교에 비해 늦은

편입니다. 사정이야 있겠지만 8시 10분까지 입실할 수 있도록 등교 시간을 확인해주시기 바랍니다. 여러 대입제도가 있지만 사고지각(질병 이외는 모두 사고지각입니다)을 긍정적으로 이해해주는 대학은 없습니다. 질병으로 늦을 경우 반드시 부모님이 담임선생님에게 연락을 취해주시기 바랍니다.

또한 학교 앞이 매우 비좁습니다. 승용차로 등교시키는 경우 가급적 학교에서 먼 곳에 내려 걸어올 수 있게 해주시길 당부드립니다. 학교장이 정문에서 아이들을 맞이하는데 승용차로 학교 내에 들어오면 다른 학생의 안전도 문제이거니와 교육적으로 바람직하지 않다고 생각합니다. 지각하게 되더라도 걷지 못할 정도가 아니면 내려서 인사 나누고 입실할 수 있도록 지도해주시길 간곡히 부탁드립니다.

제가 언급하기도 좀 그렇지만 교복을 입지 않고 슬리퍼를 신은 채 등교하는 아이가 간혹 있습니다. 등교할 때 살펴주시기 바랍니다. 1학년인데 벌써 흡연으로 적발된 아이들이 있습니다. 끊을 수 있게 학교에서도 최선을 다해 돕겠지만 그것이 흡연을 허용하는 것은 절대 아닙니다. 학교는 공공건물이고 청소년에게는 법으로도 담배 판매가 금지되어 있습니다. 사소한 것의 누적으로 불편한 관계가 형성되지 않도록 꼭 끊을 수 있게 지도 부탁드립니다.

지금 아이들과 함께하는 순간이 얼마나 행복하고 보람 있는지 잘 알고 있습니다. 지금이 얼마나 소중한 시간인지, 여기가 얼마나 행복한 곳인지 잘 알고 있습니다. 지금 여기를 천국이라 여기며 순간순간을 행복하게 보낼 수 있도록 노력하겠습니다.

꽃샘추위가 기승입니다. 꽃들도 예쁜 모습을 갖추기 전에 이리도 시린 아픔을 겪어야 하는가 봅니다. 흔들리지 않고 젖지 않고 피는 꽃 없다 했습니다. 바람과 비에 젖으며 꽃잎 따뜻하게 피웠듯이 우리의 삶 또한 그러하다 믿으며 3월 힘차게 시작합니다. 메일과 연락처 첨부합니다. 주시는 말씀 겸허히 받겠습니다. 고맙습니다.

가까이 보아야 예쁘고
오래 보아야 사랑스럽습니다

아직은 쌀쌀한 기운 여전하여 아침에 등교하는 아이들 맞이하고 사무실에 들어오면 코끝 얼얼하지만 남녘의 벚꽃 흐드러진 사진으로 봄기운 대신하고 있습니다. 아침, 저녁으로 기온 차도 크고 바람 또한 차서 그런지 여기저기 감기 걸린 선생님과 아이들이 많이 눈에 뜨입니다. 건강들 하시고 가정이 평안하신지요?

새 학기를 시작한 지 벌써 한 달이 지났습니다. 선생님들은 지난 2월 하루도 쉬지 못하고 아이들 만날 준비로 바삐 보냈는데 아이들 입으로 전해지는 지난 한 달의 학교 이야기가 궁금해집니다. 3학년 아이들은 첫 모의고사 결과를 받아들고 현실로 닥친 입시문제에 많이 힘들지 않은지, 2학년은 1·3학년에 치여 마음 불편하게 보내진 않았는지, 1학년은 모든 게 낯선 환경에서 잘 적응하고 있는지 모르겠습니다.

어느 신입생 부모님은 입학한 지 얼마 되지 않은 아이의 입에서 '흥덕인의 자긍심을 갖게 되었다'는 이야기를 듣고 깜짝 놀랐다고 하셨습니다. 또 다른 부모님은 일요일 저녁이면 아이가 '야! 내일 학교 간다'며 학교 가는 것을 즐거워한다 하셨습니다. 또 다른 부모님은 아이가 선생님 자랑을 그리한다며 행복한 표정을 지으셨습니다. 학교장으로 들을 수 있는 최고의 칭찬이자 격려입니다. 아이들에게 듣는 이런 이야기가 또 있으면 담임선생님이나 저에게 연락을 주시거나 학교 홈페이지 등에 올려주시기 바랍니다. 교사들이 서로 나누며 아이들 만나는 에너지로 삼겠습니다.

학교에서 최고의 교육환경은 교사이고 가정에서의 최고 교육환경은 부모입니다. 학교에서 최고의 가르침은 교사가 공부하는 모습을 아이들에게 보여주는 것이고, 이는 가정에서도 크게 다르지 않습니다. 아이들에게 공부하라고 다그치기보다는 부모님이 먼저 공부하는 모습을 보여주실 때 아이도 더 열심히 공부하지 않을까 싶습니다.

우리 학교에서는 참된 학부모력을 키우기 위해 매년 봄과 가을에 학부모 아카데미를 진행합니다. 이번 봄의 큰 주제는 '문학과 예술로 세상과 연애하기'로 문화예술인들과 함께 인문학적 상상력과 오감을 자극하는 귀한 시간을 가지려 합니다. 주변분 많이 모시고 오셔서 학교 소개도 해주시고 차도 나누며 학교에 대한 자긍심 함께 느껴보시면 어떨까 싶습니다.

새 학기를 시작하며 몇 가지 간곡한 당부의 말씀을 드리려고 합니다. 우리나라 인문계 고등학교에서 학교 별 차이를 발견하긴 어렵습니다. 입시가 학교의 가장 큰 가치이기 때문에 그렇습니다. 홍덕고는 학교의 본래성을 회복하여 아이들이 즐겁고 행복하게 학교에 다니면서 입시에도 성공하는 새로운 가능성을 모색하는 혁신학교입니다. 그 가치를 존중하며 학교가 가지고 있는 교육목표를 달성할 수 있도록 함께해주십사 부탁드립니다. 학교운영에 관한 궁금한 내용은 언제든 토론 가능합니다. 전화로 일방적으로 말씀하시기보다는 더 좋은 방안을 함께 고민하고 대안을 찾아 아이들의 건강한 성장을 담보하는 우리 교육의 희망이 되었으면 좋겠습니다.

좋은 교육이 이뤄지려면 아이들이 학교와 교사에 대해 신뢰가 높아야 하는데 우리 아이들은 실제 매우 높은 것으로 알고 있습니다. 혹 전해 들으신 이야기로 아이 앞에서 학교와 교사를 비난하면 그 피해가 고스란히 아이에게 전해집니다. 부탁드리건대 불편하신 사항은 저나 담임에게 연락하시어 오해를 풀거나 진의를 확인하시면 좋겠습니다.

학교에서 이루어지는 모든 활동을 교육과정이라고 부릅니다. 수업시간뿐 아니라 조·종례 시간, 방과 후에 이뤄지는 교육활동과 등하교 시간까지도 아이들의 건강한 성장을 위해 교육적인 지도가 필요합니다. 아침에 5분 더 자는 것이 얼마나 꿀잠인지 모르는 바 아니지만 정해진 등교 시간의 준수가 필요합니다.

입맛이 다르고 식성도 다른 다수의 아이를 대하는 학교에서 모두를 만족하게 하는 식단을 준비하기가 쉽지 않습니다. 건강 문제로 특별식을 하는 경우가 아니라면 학교 급식에 참여할 수 있도록 해주시고 빵이나 컵라면을 대용식으로 하지 않도록 챙겨주시기 바랍니다. 학교급식이 궁금하신 부모님은 많은 인원이 아니면 언제든 시식 가능합니다. 편히 방문하셔도 됩니다. 수업하는 장면도 궁금하실 텐데 연락을 주시면 언제든 참가하실 수 있습니다. 우리 선생님들은 구경하는 개념의 '참관'

이 아니라 함께 배우는 '참가'라 부릅니다. 서로 '수업친구'로 삼아 상시 서로의 수업에 들어가 배우며 자기 성장의 기제로 삼고 있습니다. 공식적으로 학부모와 함께하는 수업공개의 날에는 미리 연락드리겠습니다.

저는 홍덕고등학교에 4년 임기의 공모교장으로 부임하였습니다. 벌써 3년이 지났습니다. 하루하루가 얼마나 소중하고 놓치고 싶지 않은 시간인지, 아마도 헬렌 켈러에게 주어진 3일 같은 시간인지 모르겠습니다. 순간순간을 사랑하며 한 명 한 명의 아이를 가슴에 담도록 더욱 치열하게 생활하겠습니다.

별을 보기 위해서는 밝은 곳으로부터 눈을 돌려야 하고, 어둠 속에서 어둠이 스스로 빛을 낳을 때까지 기다려야 하며, 작고 희미하다고 포기하지 않아야 하지요. 그 별을 보기 위해서 신념과 의지, 상황을 이길 수 있는 힘을 길러야 할 테고요. 학부모님들과 함께 배우고 성장하며 그렇게 아이들 만났으면 하는 바람을 가져봅니다.

가까이 보아야 예쁘고 오래 보아야 사랑스럽다 했습니다. 우리 아이들이 그러합니다. 자꾸 꾸물거리는 욕심을 함께 이겨내며 우리 학교가 배우는 즐거움 가득하고 더불어 살아가는 기쁨 느끼는 행복한 삶의 공간이 되기를 소망해봅니다.

4월입니다. 봄기운보다 사람 기운으로 살맛 나는 하루하루 보내시길 기원합니다. 메일과 연락처 첨부합니다. 주시는 말씀 겸허히 받겠습니다. 늘 함께해주셔서 감사합니다.

6월의 신록처럼
푸르게 성장하길

아름다운 것은 쉬이 오지 않고 오래 머물지도 않는가 봅니다. 올 듯 말 듯하던 봄의 기운을 채 느끼기도 전에 시나브로 산과 계곡은 온통 초록빛입니다. 일찍 찾아온 더위가 야속하지만 우리 아이들이 품은 꿈이 6월의 신록을 닮아 푸르고 푸르게 건강하게 자라 실하게 영글었으면 좋겠다 싶습니다. '참여와 소통을 통한 희망과 신뢰의 배움공동체'를 지향하는 흥덕고등학교에서 열여섯, 열일곱 새로운 꿈을 저마다 가슴에 품고 아이들과 함께 길을 나선 지 벌써 석 달, 어디쯤 와있는지 돌아볼 겨를도 없이 시간은 참 빠르다 싶게 흘러갑니다. 그동안 댁내 평안하셨는지요?

연일 30도를 웃도는 폭염이 계속되니 아이들이 축축 늘어지고 힘겨워합니다. 쾌적한 환경에서 공부할 수 있도록 에어컨을 틀면 좋겠지만, 국가적인 위기라고도 하고 학교 전기요금이 매달 700만 원 정도씩 나가고 있어 도저히 감당하기 어려운 상황이라 마음껏 펑펑 틀어대기가 어렵습니다. 물론 교장실을 포함한 모든 교무실도 에어컨 사용을 절제하고 있으며 교무실은 선풍기조차 부족해 급한 대로 선풍기라도 구매하려고 합니다. 세상에서 제일 이기적인 발명품이 에어컨이라지요. 나 시원하자고 열기 바깥으로 보내어 다른 사람들 뜨겁게 하니 말입니다. 배려와 나눔, 공헌력을 강조하는 흥덕고의 가치로 설명해주시면 아이들도 이해하고 잘 이겨내리라 믿습니다. 날씨의 추이를 지켜보고 적절하게 에어컨을 가동할 테니 아이들이 힘들다 불평해도 잘 이해시켜주십사 부탁드립니다. 신이 우리에게 주신 아름다운 선물 중의 하나가 사계절이 아닌가 싶습니다. 마음이 조금만 가난하다면 어느 계절인들 넉넉하고 풍요롭지 않겠습니까?

지난 화요일에는 1학년 학부모님과 간담회가 있었습니다. 마흔 분 정도가 참석해 세 시간을 넘기며 열띤 이야기를 나누었습니다. 외부에서 손님이 오신 관계로 저는 시작과 끝 부분만 함께했지만 회의록을 보니 의미 있는 이야기가 오간 듯싶어 우리 학부모님들에 대한 신뢰와 자긍심이 더욱 높아졌습니다. 모든 선생님이 그 회의록을 공유하였으며 수업 준비 더 많이 하고 아이들과 상담하는 시간 더 확보하도록 노력하자 다짐했습니다.

부모님들이 주신 말씀 중에 몇 가지 이해를 구하고자 합니다. 학교는 보편적인 교육을 하는 곳입니다. 모든 아이(와 학부모)의 요구와 기대를 동시에 만족하게 하기는 불가능합니다. 교육과정 운영도 그렇고 급식도 그렇습니다. 아이가 맛이 없다고 하는 것을 질이 떨어지는 것으로 단정 짓는 것은 무리가 있습니다. 급식의 질을 개선하기 위해 부단히 노력하겠습니다. 아이를 이해시켜주시고 궁금하신 부모님들은 언제든 시식 가능하다는 말씀드립니다.

교육의 준거는 미래에 있습니다. 아이들이 살아갈 미래사회가 어떻게 변할 것인지, 그 시대를 살아가기 위해 어떤 가치를 내재화해야 하는 지, 어떤 역량을 키워야 하며 그 역량을 키우기 위해서는 누구를 만나야 하고 그 사람을 만나기 위해선 어느 대학을 가야 하는지가 우리 아이들에게 매우 중요합니다.

그 역량 중 하나가 자기주도적 삶과 협력적 삶입니다. 당장에는 부모나 교사가 직접 챙겨주는 것이 유용해 보이지만 길게 보면 스스로 헤쳐 나가되 협력하는 역량이 절대적으로 중요합니다. 그런 면에서 숙제가 많아 공부하는 데 부담이 된다는 것은 좀 더 고민해주십사 부탁드립니다. 늦게까지 숙제하는 과정에서 자기주도적 역량도 키우고 협력적 관계력도 키우며 자기통제력도 높일 수 있다고 확신합니다. 부모와 교사의 역할은 아이들이 포기하지 않도록 격려하고 지지하고 응원하여 도움을 주는 것이지요. 다만 시기적으로 집중되는 문제는 더 고민하여 분산되도록 노력하겠습니다.

우리 교육 현실에서 어떤 학교도 대학진학률에 초연할 수 없습니다. 흥덕고도 예외는 아닙니다. 불가능하겠지만 우리 아이들 모두가 원하는 대학에 가면 좋겠습니다. 대학전형 방법이 3,000개가 넘고 수시의 비중이 점점 높아지고 있는 상황에서 예전과 같은 방식으로 지식과 정보를 암기하고 문제를 많이 푼다고 해서 입시에서 좋은 결과를 얻는 것은 아닙니다. 다양한 프로그램에 아이들이 참여하고 꿈을 찾고 그것을 실현하기 위한 노력을 학교의 교육과정에 담아내어 수행한다면 대학입시에도 매우 유용합니다.

　교사가 주도하는 수업을 늘려달라는 부모님 건의가 있었습니다. 제 생각엔 오랜 시간 정리된 지식의 개념과 원리를 설명하기 위해서 교사 주도의 수업이 필요하고 우리 학교에서도 당연히 그리하고 있다는 말씀드립니다. 더불어 최선을 다해 대학진학과 성장을 위해 애쓰는 학교와 교사들에게 무한신뢰를 보여주십사 부탁드립니다.

　'정서행동특성검사' 결과를 보내드립니다. 1학년은 작은 학급제 실시에 따른 분반 담임제로 학급당 인원이 15명 내외여서 교사들이 학생 수가 많은 다른 학년에 비해 큰 어려움 없을 것으로 기대하였으나 생활밀착형 관계 맺기를 하다 보니 아이들의 삶에 깊이 관여할 수밖에 없는 상황이 되었고 그 과정에서 가정문제로, 성적문제로 어려움을 호소하는 아이가 꽤 많다는 것을 알게 되었습니다. 자신의 실제 수준보다 높은 부모님의 기대로 아픔을 호소하는 아이들을 볼 때면 가슴이 아리기도 합니다. 성적은 단기간의 노력으로 쉽게 오르지 않습니다. 그동안의 학습 결핍이 반영되기 때문이지요. 성적표를 받아보시고 속상하셨겠지만 결과에 대한 지도보다는 시험공부 하는 과정이나 일상생활에서 내 자녀가 어떻게 공부하며 어떤 친구들과 어떻게 시간을 보내는지 관심 갖고 지도해주시는 것이 장기적으로 아이의 건강한 성장을 위하여 필요하다고 봅니다.

　한 가지 더 부탁드리고자 합니다. 더워서 그렇겠지만 집에서 입는 티셔츠나 트레이닝복을 입고 등교하는 아이가 제법 있습니다. 아이들 흔한 핑계로 부모님께는 '다른 아이들도 다 그래!'라고 말하겠지만 절대 그렇지 않습니다. 생활이 흐트러지면 공부에 집중하기 어렵습니다. 등교하는 모습 잘 챙겨주십사 부탁드립니다.

언제든 아이 문제로 대화가 필요하다 싶으면 담임교사나 학년부장 선생님과 이야기 나누시고 혹 학교장과 대화가 필요하시면 연락해주시기 바랍니다. 날이 꽤 덥습니다. 좋은 생각, 좋은 기운으로 시원한 날들 보내시길 기원합니다. 늘 함께해주셔서 고마움의 인사 드립니다.

4장

그래,
너희들이 희망이다

아이들과의 나눔

나는 교문 앞 스토커입니다

아들아!
아빠도 너를 통해
배우는구나

늘 함께해주지 못하는 미안함 속에서도,

불쑥 커 버린 네가

한없이 대견스럽고 내 어깨 든든하다만.

이제 세상을 향해, 힘차게 우뚝 서서

한 발 한 발 씩씩하게 걷거라.

주위의 힘찬 박수에 발을 맞추며.

기억하는지 모르겠구나. 유치원 졸업을 축하하며 아빠가 너에게 써준 글의 일부란다. 온 동네가 떠나가라 울던 너와 처음 마주했을 때, 태어날 때부터 있던 심장 질환으로 매달 병원에 다녀야 하는 어려움을 딛고 처음으로 목욕탕에 함께 가서 너에게 내 등을 내밀었을 때, 늘 어린애 같더니만 어느새 의젓한 중학생이 되어 교복을 단정히 차려입고 내 앞에 섰을 때, 세상의 모든 아버지가 그렇듯 네가 자라며 준 감격을 곱씹는 것만으로도 아빠는 행복하단다.

"아빠! 중학교에선 교복을 꼭 입어야 해? 선생님들은 교복을 입어야 옷에 신경 쓰지 않고 공부에 집중할 수 있다고 하시는데, 초등학교 때는 자유복 입고도 공부 잘했잖아. 제발 넥타이 좀 매지 않았으면 좋겠어. 답답해 죽겠단 말이야. 내 친구는 답답하다고 느슨하게 풀고 다니다가 혼났어."

"자유복을 입으면 돈이 많이 들잖아. 교복은 하나면 되지만 자유복을 입으면 갈아입을 옷도 많아야 하고…."

"친구들이 그러는데 요즘 제일 싼 게 옷이래. 누가 비싼 옷 사 입어? 그리고 교복 입는다고 다른 옷은 안 사 입어? 학원가고 친구 만나고 그럴 때 이중으로 드는 거잖아."

"자유복 입으면 잘 사는 아이들과 어렵게 사는 아이들이 구별되어 상처받는 친구들이 생기잖아."

"그러면 초등학교 때는 구별돼도 괜찮아? 어린애들은 상처받아도 되나 보지?"

무엇 하나 지지 않고 꼬박꼬박 말대답하는 네가 얄밉기도 했다만, 그래도 여러 생각으로 네 주장을 펼치려는 노력이 무척 대견스럽구나. 공부 열심히 해라, 책 많이 읽어라, 모처럼 잔소리를 늘어놓으려던 애초의 계획은 수포로 돌아갔지. 학교생활에 대한 불만을 들으며 그저 궁색한 답변만 늘어놓는 자리였지만, 차근차근 오가는 대화 속에서 네가 아빠 같은 학교 선생님들을, 그리고 많이 답답해하던 학교를 조금은 이해하는 듯싶어 의미 없는 시간은 아니었단다.

나도 늘 교실에서 만나는 아이들과 이야기하다 궁지에 몰리면 스스로도 이해하지 못하는 엉뚱한 논리로 아이들을 윽박질렀어. 아니면 어른이라는, 교사라는 너희가 거역할 수 없는 존재로 군림하여 억지 주장을 하곤 했단다. 그런데 내 삶이자 소망인 너와 이렇게 이야기를 나누면서, 애정을 가지고 너의 이야기를 듣다 보니 전부는 아니어도 조금은 너희들 또래의 입장을 이해할 것 같구나.

점심시간에 운동장에 나가 공을 차려면 교복이 불편하다는 이야기, 목을 옥죄는 넥타이가 얼마나 불편한지 모른다는 이야기, 밥을 먹고도 돌아서면 다시 배고파져 매점이 필요하다는 이야기, 급하게 화장실을 갔다가 휴지가 없어서 실수할 뻔했다는 이야기, 가슴의 수술 자국 때문에 탈의실이 있으면 좋겠다는 이야기, 시원한 물 한 잔 마시려고 정수기가 있는 교무실을 기웃거리다 꾸중을 들었다는 이야기를 들으며, 학교를 좀 더 나은 환경으로 만들 수 있게 네 또래의 친구들에게 말 한마디라도 좀 더 친절하게 해야겠다는 생각이 드는구나. 때론 이해할 수 없는 너희 세계지만, 색깔 있는 양말이나 발목 양말을 신으면 왜 안 되는지, 머리 스타일이 왜 꼭 스포츠형이어야 하는지, 너의 친구들과 충분한 이야기를 나누어 고칠 것은 고치고 없앨 것은 없애도록 노력해야 할 것 같구나.

너를 통해서야 바람직한 교사의 길을 찾게 되고, 눈높이를 낮추며 아이들과 만나는 방법을 뒤늦게 터득한 것이 안타깝지만, 이제라도 모든 아이가 나의 사랑스러운 아들과 딸로 보이니 얼마나 다행스러운 일이냐.

사랑스런 아들아!

그렇게도 기분 나빴다는 가방 검사와 사물함 검사도 다른 방법을 찾아보자고 건의해야겠다. 냄새나는 화장실을 청소하는 방법도 고민해보고, 네가 그토록 듣기 싫었다는 "교무실로 따라와", "엄마 모셔 와", "집에서 그렇게 가르쳤어" 같은 말도 사용하지 않도록 노력하마. 나 혼자만이 아니라 주변의 선생님들과 교사 모임을 함께하는 선생님들과 같이 실천할 방법을 고민해볼게. 그래서 너희가 만족할 정도는 아니겠지만, 지금보다는 조금이라도 나은 환경과 조건을 만들도록 노력하겠다고 약속하마.

하지만 아들아! 친구들아!

전적으로 동의하기 어려운 현실이지만 학교의 주체는 너희 아니니. 선생님들이 할 일은 선생님들께 맡기고, 너희가 할 수 있는 역할과 방법을 고민해봐야 하지 않을까? 귀하게 자라서인지 혼자만 알고 다른 사람을 배려하는 마음이 부족하다, 늘 욕을 입에 달고 다닌다, 어른에 대한 예절이 부족하다는 비판을 겸허하게 받아들여야 하지 않을까? 또 모든 일을 재미와 감각으로만 받아들이지 않고, 만족스럽지 않아도 남의 탓으로 돌리지 않고 함께 해결하려고 노력할 때, 더욱 즐겁게 생활할 수 있는 학교를 만들 수 있지 않을까?

반복되는 하루하루가 늘 같아 보이지만 일상에서 같은 것은 없단다. 어제 내리던 비가 오늘 다시 내린다고 헌 비라고 하지 않듯이, 어제 피었던 꽃이 오늘 다시 핀다고 헌 꽃이라고 하지 않듯이, 하루하루를 새롭게 살도록 노력하자. 둘러보면 모두가 함께할 사람들이지. 그 사람들과 함께 다시 세상을 향해 힘차게 우뚝 서서, 한 발 한 발 씩씩하게 걸어가자꾸나.

학생의 날을
축하하며

안개 낀 영동고속도로를 한참 달려 너희의 웃음소리마저 잠든 학교에 도착하면 어느 중국집 이름 정도로 기억될 아리산의 푸름이 제일 먼저 반긴다. 심호흡 크게 하고 돌아서는데 울타리 옆 단풍나무가 눈길 한번 달라고 한다. 어찌나 곱던지… 오가는 일에 정신을 빼앗기다 보면, 또 아무리 소중한 것이라도 보려는 마음이 없으면 볼 수 없으니 오늘은 운동장에 나가 푸른 하늘도, 예쁜 단풍도 마음에 담으렴.

올해부터 명칭이 학생독립운동기념일로 바뀌기는 했다는데, 오늘은 학생의 날, 너희의 날을 진심으로 축하한다. 살아가며 기억해야 할 날이 많지만 학생의 날에 관해서는 지금껏 누구도 잘 알려주지도 않았고, 설령 알아도 특별한 의미를 부여하며 행사를 하지도 않았던 것 같아. 하지만 오늘은 분명 너희의 날이고, 지난 스승의 날에 케이크를 자르고 노래를 부르며 축하해 주었듯이 나도 학생의 날을 함께 기뻐하며 축하해주고 싶어.

　물질적인 무엇을 함께 나누는 것도 좋겠지만 주변 선생님들과 학생의 날을 어떻게 보낼 것인지에 대해 진지하게 이야기 나누며 함께 준비하는 과정에서 너희를 사랑하는 샘들의 마음을 모아가는 것이 더욱 값진 선물이 되지 않았을까 싶구나.

　사랑하는 1학년 1반 친구들아!

　이상기온으로 가을 느낌이 덜하지만 아침, 저녁으로 이제는 제법 쌀쌀해져 가을도 제법 깊어진 것 같구나. 선배 학생들의 자랑스러운 전통과 뜻을 되새겨 보면서 더욱 멋있는 학생이 되자 스스로 다짐도 하고, 서로 배려하는 따뜻한 마음도 챙겼으면 한다.

　이렇게 너희의 날을 진심으로 축하해줄 수 있어서 나도 무척 기쁘다는 고백을 하며 항상 당당하고 자신 있는 모습으로 스스로 서고 더불어 살아가는 우리의 사랑으로 항상 건강하고 행복한 날들이 되기를 바란다.

스스로 성숙해지는 너희 몫을 남기고

우리가 처음 만난 날은 3월이라고는 하지만 아리산 자락 타고 내려오는 찬바람이 모든 게 낯선 너희 마음을 더욱 움츠러들게 하는 제법 쌀쌀했던 입학식이었지.

교실에 올라와 어떠한 일이 있어도 절대 몽둥이를 들지 않겠다 약속하고 서로 사랑하고 존중하면서 일 년을 보내자고 주문했던 것으로 기억한다. 한 명, 한 명 얼굴을 익히며 칭찬 빙고를 했고 나를 칭찬해보라는 말에 누군가 말했지.

"아이들을 잘 이해해주실 것 같아요. 무섭지 않고 우리를 편하게 대해주실 것 같아요."

마치 최면이 걸린 듯 그 말을 지키려고 부단히 노력하며 한 해를 보낸 것 같구나. 돌아보니 다행히 체벌한 기억 없이 한 해를 마무리할 수 있게 되어 너희에게 고마움과 감사함을 보내야 할 것 같다. 사람과 사람이 만나는 공간, 더욱이 가르침과 배움을 전제로 만나는 우리의 관계에서 폭력은 절대 안 된다고, 그것은 아무리 교육의 이름으로 포장된다고 해도 정당화될 수 없다고 믿는 교사로서의 신념이 너희를 통해 더욱 공고해질 수 있어서 얼마나 고마운지 모른다. 그러고 보면 내가 교사로서 또 한 걸음 성장할 수 있었던 것은 오로지 너희를 만났기에 가능했음을 고백하마.

성격과 욕구가 다양하고 자신의 요구를 당당하게 표출하는 개성이 강한 너희를 어른들은 버릇없고 인내심도 없는 아주 이기적인 존재로 바라보기도 하겠지. 하지만 사실 난 다양한 너희들을 하나의 기준과 가치로 재단하고 훈육하는 것은 옳지도 않거니와 가능하지도 않다는 깨달음을 얻었단다. 서로의 차이를 확인하고 그에 따라 서로 존중하고 배려하며 함께 살아갈 수 있다는 공존의 이유를 스스로 터득하기를 바랐다. 또한 다양한 너희 틈바구니에서 지시와 명령보다는 함께 고민하고 스스로 답을 찾는 그래서 조금씩 더 기다릴 수밖에 없다는 명제를 가슴에 담고 너희를 만날 수 있기를 소망했단다.

이제 함께했던 일 년을 마무리하면서 부족한 점이 있었지만 건강한 몸과 건강한 마음이라는 소기의 목적을 달성하며 마칠 수 있어 더없이 기쁘단다. 교직생활 20여 년 만에 처음으로 경험하는 연중 무결석 학급, 축구와 피구의 예선 탈락으로 체육대회 당일은 무엇을 할까 고민했는데 똘똘 뭉쳐 이룩한 종합우승, 다른 반과 함께 진행했던 뒤뜰 야영, 집단상담… 그 어느 것 하나도 소중하지 않은 추억이 없구나.

그래, 멈추어 있는 것은 아무것도 없다지. 이제 열다섯, 어엿한 중학교 2학년이 되는구나. 지난 일 년 동안 꼬박꼬박 함께 만들고 읽었던

'희망쌓기'와 학부모 통신 그리고 너희 이야기를 담은 글을 모아 우리 반 학급문집인 '스스로. 더불어. 희망쌓기'를 내놓는다. 선생님의 부족했던 점은 성장해가는 너희 앞에 놓여있는 과제라고 여기렴. 늘 건강하자. 아낌없이 사랑하자. 행복하자.

간극을
희망으로

✎　잘들 쉬고 있니?

수시로 일기예보를 확인하면서 토요일 날씨에 깊이 관심을 가질 수밖에 없었어. '비가 오면 어쩌나… 불편한 것이 한둘이 아닌데… 캠프파이어는 어쩌지…' 간절한 바람에도 아랑곳하지 않고 중부지방에 근래에 보기 드문 폭우가 쏟아지고 강원도 어디에서는 거센 비바람에 많은 사람이 실종된 날, 양손에 치렁치렁 보따리를 들고 학교에 모여들었지.

1박 2일의 짧은 시간이었지만 끝나고 나니 조금은 허탈하고 쌓인 피로가 엄습해 늦은 시간까지 얼마나 잤는지 몰라. 새벽에 잠에서 깨어 차분하게 되돌아보는 시간을 갖고 있단다. 야영이 우리에게 준 것은 무엇일까? 단순하게 재미있고 없고로만 생각할 문제는 아닐 테니까, 다음에 더 좋은 모습을 위해서 선생님이 늘 이야기하지만 각자 자기 수준에서 평가회를 가져보는 것이 필요하지 않을까 싶어. 나는 무엇을 했는지, 어떻게 참여했는지, 더 잘할 수는 없었는지, 무엇이 부족했는지.

선생님들이 준비하며 너희와의 간극에 얼마나 속상하고 안타까워했는지 알지?

"마룻바닥에서 어떻게 자요?"

"라면이나 끓여 먹을래요."

"쪽팔리게 장기자랑 같은 것 뭐 하러 해요?"

"또 할 것도 없어요. 이런 것 뭐 하러 해요?"

야영한다면 너희가 좋아할 줄 알았던 선생님들은 냉소적인 태도와 그저 구경꾼으로 관람하는 데만 익숙해진, 거기다 이렇다저렇다 말과 요구만 많은 너희 문화를 이해하는 게 정말 힘들었단다.

거기다 미디어의 발달로 눈과 귀의 수준이 높아져서 너희의 욕구를 충족하기가 선생님들의 역량과 현실로는 도저히 불가능한 것이었는지 모르지. 선생님들의 판단으로는 그것이 교육적이지도 않았기에 그 많은 요구를 들어줄 수도 없었단다.

야영을 한 목적이 무엇이었을까? 한 학기를 마치며 모처럼 집을 떠나 밤새도록 친구들과 이야기하며 우정을 다지고 새로운 우리만의 문화를 만들어보는 것 아니었을까? 서툴고 어색하지만 각자의 재능을 펴보는 것, 함께 마음껏 웃고, 다른 친구의 모습을 인정하는 것. 그것이 야영이 가져야 할 모습이었다고 생각해. 여기저기의 도움을 받아 전문 사회자도 불러오고 음악팀과 조명팀, 이벤트 팀이 함께 어우러진, 거기다 수준 높은 문화공연을 볼 수 있었던 이번 야영은 지금 생각해보아도 수백만 원의 돈을 들여서 진행하는 웬만한 학교 축제의 수준이 아니었을까 싶네.

그러나 선생님은 이런 야영이 바람직한 것 같지는 않아. 휘황한 조명과 빵빵한 음악이 있었지만 안타깝게도 정작 그 속에 주인공이어야 할 '우리'는 별로 보이지 않았기 때문이야. 장기자랑을 시작하는 순간까지도 3, 4팀 밖에 순서를 정하지 못해 얼마나 당황했는지 몰라. 너희는 빛반 친구들이 너무 많이 참가한다고 불평하던데 애초 한 반당 2, 3팀 정도가 장기자랑에 참가하도록 했고 거기에 빛반은 잘 따라주었는데 다른 반은 고작 한 팀씩이었지. 그러다 보니 상대적으로 빛반이 너무 많이 참가한 것으로 보일 수밖에.

서툴고 어색하지만 창의적이고 기발한 우리가 야영의 주인공이어야 한다고 생각해. 모두가 구경만 한다면 무대에 서는 사람은 아무도 없게 되는 거잖아. 오죽하면 선생님들도 무대에 함께 서려고 회의를 열어 내용을 정하고 연습을 하다가 중간에 포기했을까? 주객이 바뀐 분위기를 탓하며 교사와 학생이 함께 어우러지는 자리가 아니라 오로지 너희의 웃음거리, 구경거리가 되어야 하는 현실이 안타까웠어.

분명 선생님들의 잘못이 커. 시험 끝나고 성적 처리와 학기 말 정리에 바쁘다 보니 선생님들끼리 준비하는 게 효율적이라고 생각했거든. 그래서 계획과 준비의 모든 과정에서 너희가 함께하지 못했지. 준비위원회를 꾸리고 그 친구들과 함께 준비했다면 훨씬 더 알찬 야영이 되었을 거라고 생각해. 서로 역할을 나눠 장기자랑 준비팀도 꾸리고 홍보도 하고 분리수거도 하고 청소와 뒷정리도 했다면 좋았을 텐데 말이야.

그래, 다음에 혹 이런 기회가 있으면 그땐 좀 더 체계적으로 준비해서 모두가 주인공으로 당당하게 자기 역할을 할 수 있는 무대를 만들도록 하자. 공부도 그렇고, 모든 생활에서 구경꾼이 아니라 주인공으로 자신 있게 살아가는 너희의 모습을 그려본다. 비 많이 오는 날 너희의 좋은 추억을 위해 애써주신 모든 분을 기억하며 감사하는 마음을 갖는 것도 잊지 말자. 모두 수고했다.

모두 돌아가고 난 다음 학교를 둘러보니 너희가 남긴 흔적이 거의 없더구나. 그만큼 뒷정리를 잘했다는 것이겠지. 잘했다. 칭찬해주고 싶구나. 더 좋은 날들을 위해, 건강한 날들을 위해 푹 쉬렴.

보고 싶은
J에게

잘 지내고 있지?

봄에서 여름으로 넘어가는 무렵, 운동장 스탠드를 따라 늘어선 느티나무의 연초록 새순이 바람결에 흔들리는 아름다운 모습을 잊은 건 아니겠지? 조금 일찍 알아버린 세상사의 고단함과 사람 사이 관계 맺기의 어려움을 털어놓던 등나무 밑 벤치의 안락함도 잊지 않았겠지?

학교를 떠나며 다시는 고등학교 생활을 기억하고 싶지 않다고, 길지 않게 살아온 날들 중 고등학교 시절은 마치 악몽을 꾼 것 같다며 아예 잊어버리고 싶다는 너의 말이 교사라는 이름으로 살아가는 내 자존심에 얼마나 큰 상처였는지. 그래도 되돌아보면 아픔만은 아니었다고, 젊어 고생은 사서도 한다는데 앞으로 살아갈 긴 날들을 위해 알을 품는 의미 있는 시간이었다고 그래서 더욱 단단해졌다고 생각해주면 안 될까?

참! 늦게나마 대학 입학을 진심으로 축하한다. 네가 그렇게 꿈꾸던 규제 없는 자유로운 삶과 해방감을 만끽하며 잘살고 있는지 궁금하다. 너는 틀림없이 주어진 자유만큼이나 책임 있는 생활을 하고 있으리라 믿는다.

남학교였던 우리 학교가 남녀공학이 되면서 처음으로 여학생이 들어왔을 때, 학교 분위기가 한결 밝아지고 웃음소리도 더욱 커지면서 그전에 갖지 못했던 생동감이 느껴져 너무 행복했단다. 하지만 처음 시작과는 다르게 여학생에 대한 여러 규정이 생기면서 네가 학생부와 부딪혀 갈등이 생기고, 그래서 소위 범생이었던 네가 가출까지 했던 일은 내 기억 속의 아픔이구나.

너는 두발 자율화를 위해 여학생들의 서명을 받아 교장 선생님과 면담하다가 혼이 났다지. 아이들 말로는 네가 흥분해서 "교장 선생님은 독재자예요!"라고 말했다며. 그 말을 전해 들은 선생님들이 모두 너를 버르장머리 없는 못된 아이라며 한두 마디씩 할 때 정말 가슴 아팠단다. 귀밑 5cm라는 머리 규정에 한 치 흔들림도 없다가 구성원들의 의견을 수렴한 토론회를 실시하여 보고하라는 교육부 지침이 있자 마지못해 토론회를 열었고 기존 규정에 단정端正한 두발상태라고 합의를 했는데 최종적으론 단정이 '短正'이라고 결론 내어 버렸지.

토론회는 그저 형식과 공문 보고를 위한 절차에 불과했고, 너희는 그 결과를 이해할 수도 받아들일 수도 없었을 테지. 학교가 합리적이지도, 교육적이지도 않은 억지를 부리며 너희 가슴에 깊은 상처만 남기는구나 생각하며 가슴 아팠단다. 아이들을 대하는 방식과 문제 해결 방법이 꼭 이래야 하나 불평을 늘어놓기는 했지만 나 역시 어느 것 하나 바꾸지 못하는 무기력한 교사일 뿐이었지. 하지만 난 그때 이 세상을 바꿀 수 있는 커다란 힘을 너희에게서 느꼈단다.

얼마 전 보내온 너의 메일을 보고 내가 생각했던 것보다 훨씬 더 의미 있게 살아가는 네 모습에 감동했단다. 고등학교를 벗어나기만 하면 정말 모든 것을 잊고 싶었다면서도 나를 기억해주는 너에게 부끄럽지 않게 살아야겠다는 다짐도 했단다.

선생님!
저는 시각장애인 친구와 재미있게 잘 지내고 있어요. 사실 처음엔 걱정이 많았는데 막상 지내다 보니 그건 저의 선입견이고 편견이었어요. 겉으로 보이는 장애를 가진 사람이 불쌍한 게 아니라 마음의 장애를 가진 사람이 더 불쌍한 것 같아요. 사실 그 친구 때문에 포기해야 하는 일도 있지만 그 속에서 더 많은 걸 배우는 것 같아 좋아요. 가끔 부딪힐 때도 있긴 하지만요.
그리고 참, 선생님 제 친구가 텔레비전의 '인간극장'이라는 프로그램에 나왔는데 저도 좀 나왔거든요. 혹시 저 못 보셨어요? 그런데 우리 학교 총장님이 기억하시고 저를 4년간 장학생으로 추천하셨대요. 너무 신 나는 일이죠? 정말 생각도 못 했는데…

네 말처럼 육체적 장애가 있는 사람보다 마음의 장애가 있는 사람이 더 불쌍하다는 것을 아는 사람이 얼마나 될까? 지금도 선생님 중에는 너를 '버릇없는 애', '자기주장이 지나치게 강한 애' 정도로 기억하는 분이 있겠지. 교사의 지시와 명령에 순종하는 것이 너희의 미래와 행복을 위해 필요하다는 어른들이 설정한 일방적인 논리만 통용되는 곳, 그

곳이 지금의 학교이기에 너는 단지 '버릇없는 애'로만 기억될 뿐일 거야. 수화반을 만들어 활동하던 네 모습, '은혜의 집'에 가서 정신지체 아이들을 꼼꼼히 씻기고 밥을 먹이던 네 모습, 봉사활동 동아리를 만들고 또 혼자서 이리저리 찾아다니며 활동하던 네 모습은 전혀 기억 못 할 테지.

앞으로 너의 아들딸이 다닐 학교는 분명 달랐으면 좋겠다. 머리 길이 때문에 울고불고하지 않아도 되고 교복 품이 좁고 넓음에 스트레스받지 않고, 좀 더 자유롭게 자신의 색깔을 드러내고 그 색깔을 고스란히 담을 수 있는 학교 말이야. 그때쯤이면 나도 모든 아이를 똑같은 교복에 똑같은 머리 스타일로 만들어놓고는 입으로는 개성을 살리라고 말하는 모순을 범하지 않아도 되겠지.

학교가 그렇게 되려면 나도 너도 각각의 자리에서 더 열심히 치열하게 살아야 할 거야. 정말 역사의 무임승차는 하지 말아야 할 것이야. 네가 고등학교 때 치른 대가 덕분에 후배들이 좀 더 자유롭게 학교에 다니지만, 누군가의 희생으로 내가 얹혀사는 것이 아니라 모두 각자 치열한 노력으로 자기 몫을 다하는 것이 중요하겠지. 각자의 자리에서 병든 현실과 싸우며 더불어 살아가는 진실을 확인해가는 사람들이 있기에 세상은 희망이 있고 살 만한 가치가 있는 것 아닐까?

지금의 모습으로 그렇게 열심히 살고, 후배들을 위해 할 수 있는 영역을 찾아서 끊임없이 자신의 모습을 가다듬길 바란다. 분명 너 같은 아이들이 있기에 내일의 희망을 갖는 것이고 낡은 세상이 새롭게 바뀔 것이라는 확신도 갖는 것 아니겠니? 그렇게들 살아 먼 훗날 우리 다시 만날 때 웃으며 지난 시절을 이야기할 수 있기를 바란다.

새롭다는 것은 진보한다는 것이겠지. 이제는 교사와 학생으로가 아니라 같은 시대를 살아가는 동지로 서로에게 신선한 자극으로 남아 역사 발전의 동력이 되기를 다짐하도록 하자. 여름을 재촉하는 비가 제법 시원하구나. 그래, 건강하자.

희망을 강요당하는
H에게

사르르 하늘을 날던 홀씨에서 피어난 민들레가 아름답게 느껴지는 무더운 여름날이구나. 10년 만에 찾아왔다는 불볕더위에도, 다들 꺼리는 척박한 곳에서도 잘 살아가는 달맞이꽃을 보며 고작 선풍기 서너 대에 의존하며 더위를 이겨 내고 있을 너를 생각한다.

달맞이꽃이라고 그런 곳에서 잘 살아갈 리 있겠니? 한낮에는 50도쯤은 예사로 넘는 아스팔트 길옆, 터줏대감들에게 밀리고 밀려 제대로 자기 목소리 한번 내보지 못했을 달맞이꽃. 그리 보면 달맞이꽃은 경쟁력이 뛰어난 식물이 아니라 적응력이 뛰어난 식물인지도 모르겠구나.

새로운 아이들에 대한 기대와 열정이 빠듯한 학교 일정에 조금씩 지쳐갈 즈음 방학이 왔다. 하지만 방학에도 대학원에, 연수에, 근무에 맘 편하게 쉴 날이 없구나. 그러나 차라리 방학이 아니면 좋겠다며 절규에 가깝게 짜증 내던 너와 친구들을 생각하면 그것은 사치가 아닐까 싶다.

"보충수업 희망원인데 왜 희망란만 있어요?"

"희망 안 하는 사람은 안 내면 되니까 그렇게 만든 거겠지?"

"그럼 희망 안 해도 돼요?"

"아니지. 다 희망해야지…."

"차라리 희망 과목을 국어, 영어, 수학, 과학이라고 하지. 어차피 문제나 풀 거면서 얍삽하게 논술심화반, 향토조사반은 뭐고 수학원리반과 고급회화반은 또 뭐예요. 정말 짜증 나요."

조회 시간에 잔소리는 하지 않겠다고, 돈 이야기는 하지 않겠다고 다짐에 다짐을 했었지. 하지만 집에서 겨우 눈이나 붙이고 왔을 너희에게 반가운 얼굴로 아침 인사 하는 것을 뒤로 한 채, 교실이 지저분하다며 타박하고, 지각한 애들 불러 세우고, 교실에서 떠든다고 야단을 쳤지. 삭막한 분위기로 하루를 시작하는 우리의 일상적인 모습을 떠올리면서, 교사와 학생은 어떤 모습으로 만나야 할까 고민하게 된단다. 방학 중 보충수업 때문에 희망원을 내야 하네 말아야 하네, 옥신각신하기만 할 뿐, 너희를 속 시원하게 설득하지 못하는 내 위치가 정말 답답하고 속상했어.

"얘들아! 그냥 이렇게 생각하는 것은 어떨까? 대학을 목표로 우리가 공부하고 있으니 좀 힘들더라도 학교생활에 적응해보자. 힘들고 짜증 날 때도 많겠지만, 그래도 방학 중에는 10시까지 야간자습 안 하는 게 어디냐고 위안 삼으면 안 될까?"

"선생님! 방학만이라도 저희가 스스로 공부할 수 있게 자유를 주시면 안 될까요? 1학기 내내 잘 견디고 잘 따라왔잖아요. 그러니까 방학 때만이라도 우리가 원하는 대로 해주시면 안 돼요? 우리가 희망하지도 않는데, 왜 거짓 희망원을 내면서까지 보충수업을 해야 해요?"

학교에선 공부가 안된다, 정말 희망하는 사람만 하면 좋겠다, 이런저런 이유를 들며 혼자서 공부하겠다고 말하는 너희. 이런 너희를 때론 달래고 때론 윽박지르며 등교를 강요하는 나는 너희의 방학을 빼앗는, 너희에게 희망을 강요하는 사람일 뿐이야. 나는 종종 학교와 사회의 비민주적인 요소를 비판하면서 고쳐야 한다고 말했지. 그러나 나 역시 너희에게 비민주적인 것을 강요하고 있구나. 교육이라는 이름으로 행해지는 많은 비교육적 행태 속에서 나 또한 다르지 않음을 가슴이 아프더라도 인정해야 할 것 같구나.

"야간자습 안 하고 오후 자습만 하면 되는 게 얼마나 다행이냐?"

"우리나라에서 고등학생이 인간이냐? 그냥 학생이지. 인간다워지려면 학교를 떠나야 한다니까. 그러니까 그냥 하라면 해."

"야! 그런 말을 왜 선생님한테 해. 선생님이 어떻게 할 수 있는 것도 아닌데."

나의 어쩔 수 없음을 배려하는 말이 오가는 동안, 너희의 체념 섞인 말투에서 난 많은 절망과 자괴감을 느꼈단다. 내 속내를 꿰뚫어 알아차려버린, 내 역할이 가르치는 스승이 아닌 그저 통제자라는 것을 알아버린 너희에게 내가 해줄 수 있는 말과 행동은 무엇일까? 진정 내가 할 수 있는 역할은 무엇인지 고민하게 되는구나.

그래, 희망은 함께 만들어가는 거란다. 누군가에 의해 강요되는 것이 아니라, 자기 마음속에 어떤 다짐처럼 스스로 존재하는 거지. 너희에게 희망을 강요했던 나의 진짜 희망은 너희 스스로 책임지는 연습을 하며 작은 것부터 스스로 선택할 수 있는 자유를 갖게 하는 거란다. 강제 자율학습과 강제 수업이 없는 학교에서 살아갈 수 있는, 그런 학교를 만들 방법을 고민하고 그렇게 만들어가려고 노력할 거란다. 출퇴근 시간 같은 일신의 편리함을 위해 너희의 일과를 재단하고, 얄팍한 지갑을 보전하기 위한 수단으로 보충수업과 야간자습을 이야기하지 않을 거란다. 아무런 문제의식도 없이, 아니면 입시 앞에선 어쩔 수 없다는 자기합리화로 너희의 희망을 외면하지 않겠다고 다짐한단다.

부딪혀보고, 싸워보고, 설사 해결되지 않더라도 포기하지 않고, 희망의 끈을 놓지 않을 거야. 너도 모든 문제가 어른들 탓이라고 선생님 탓이라고 불평만 하지 않았으면 한다. 불합리한 제도를 고치기 위해 건의도 하고, 스스로 공부하는 모습도 보이고, 합리적인 비판도 꾸준히 해보려무나. 우리는 불신의 벽을 넘어 사랑과 존경으로 건강하고 아름다운 학교 문화를 만들어야 할 동반자이잖니.

길이 처음부터 그곳에 있던 것은 아니란다. 수많은 사람이 다니고 나서야 길이 만들어졌듯이 우리 함께 길을 만들어 나가도록 하자. '절망은 희망의 다른 이름이다'라는 말이 있지. '가장 절망적일 때 가장 큰 희망이 온다'는 말도 있고. 우리, 절망을 즐기자. 서로가 서로에게 희망이 되어서.

당당하게 어깨 펴고
세상의 주인이 되길

우리가 만난 지도 어느덧 여덟 달, 계절을 세 번 보내고 이제 겨울의 문턱에서 쌀쌀해진 날씨에 웅크리며 학교에 들어서는 너희를 본다. 차가워진 날씨에도 불구하고 예의 얼굴에 환한 미소 머금고 밝은 목소리로 아침 인사 건네는 너희와 함께 하루를 시작할 수 있다는 것은 내겐 큰 축복이 아닐 수 없구나. 내일이 수학능력시험이고 우리 학교도 시험장으로 지정되어 학교에 오지 않을 테니 만날 수 없어 아쉽구나. 하지만 너희는 마냥 신이 날 테지?

아침 정문에 서서 너희를 기다리는 것이 행복한 일상이 되어 너희를 만나지 못하는 날은 그 공허함으로 왠지 어색하기만 하단다. 하지만 하루쯤 평소 생각하지 못했거나 해보지 못했던 일을 하는 것도 또 다른 교육일 테니 쉬면서 수학능력시험, 고등학생, 학창시절, 학교, 꿈, 친구, 미래 그리고 함께하는 사람들… 이런 단어의 의미에 대해 생각해보면 어떨까? 아니면 학교 오가느라 가을 정취를 느낄 마음의 여유조차 잃어버렸을지도 모르니 가까운 공원이라도 나가 노랗고 빠알간 단풍에 시선을 주어보는 것도 좋을 것 같구나. 일상에 정신을 빼앗기다 보면, 또 아무리 소중한 것이라도 보려는 마음이 없으면 볼 수 없을 테니 말이야.

지난 월요일 EBS의 '학교란 무엇인가'가 방송되고 나서 샘은 도통 잠을 이룰 수가 없구나. TV에 비친 모습만이 정말 우리의 모습일까? 그 프로그램은 우리가 치열하게 고민하고 성장통을 겪으며 지금껏 살아온 여덟 달의 모습을 온전히 담아냈을까? 우리, 아니 방송국 측의 의도와 무관하게 시청자들은 우리의 진정성을 이해해줄까? 보이는 한 단면을 가지고 너희에 대해 혹 왜곡된 생각을 갖지는 않았을까?

입시 철을 앞두고 여러 차례의 학교 설명회를 하고 중학교를 방문하여 학교 홍보를 하면서 의문이 들었다. 과연 누구를 위한 홍보일까? 정말 아이들을 위한 것일까? 좀 더 순치된 아이들, 공부 열심히 하는 아이들을 많이 받아 내가, 교사가 편하려고 하는 것은 아닐까? 학교의 커트라인이 높아지는 것이 성공이라고 생각하는 것은 아닐까? 우리 학교로 진학을 결정했던 아이들과 부모들이 방송을 보고 다시 생각해봐야겠다는 이야기를 할 때의 그 참담함과는 또 다른 고민을 하게 된단다.

나의 사랑 홍덕고 친구들아!

우리 학교는 분명 너희가 지금껏 들어왔던 그리고 다른 학교 친구들이 경험하고 있는 것과는 사뭇 다른 형태로 운영되고 있다고 느끼면 좋겠다. 너희끼리 그리고 선생님과 학부모님들이 참여해서 규정을 만들어 구성원 모두의 인권을 보장하며 자율과 책무를 중시하는 학교, 그래서 모두가 안전하고 행복한 학교, 각자의 재능과 적성을 찾아 꿈을 키우고 그 꿈을 실현할 수 있도록 도와주는 학교, 스스로 삶을 기획할 수 있도록 자기주도적 학습능력을 키워주는 학교, 실패가 허용되고 하루에 작은 것이라도 성공을 경험하는 학교라고 느꼈으면 한다.

이런 이야기들이 결코 공허하게만 들리지 않았으면 좋겠다. 과거야 어찌 되었든 '고통스러운 현재'를 고쳐나가는 자랑스러운 홍덕인이 되었으면 좋겠다. 그렇다면 너희를 만나 사리 몇 개쯤 품게 되었을 선생님들도 다른 학교에서는 경험하지 못했을 교사로서의 자존감 마음껏 품게 되지 않을까 싶구나.

나의 꿈, 나의 희망, 사랑하는 홍덕고 친구들아!

착한 마음으로 살면서도 나약하지 않고, 가난한 마음으로 살면서도 궁핍하지 않고, 날카로운 이성으로 생각할줄 알면서도 따뜻한 마음을

잃지 않으며, 어떤 일이든 최선을 다하면서도 결코 자만하거나 오만하지 않는 그런 사람이 될 수 있도록 매일매일 우리 스스로를 아끼고, 존중하고, 끊임없이 가꾸어가면 좋겠구나. 밖에서 사람들이 뭐라고 하든지 스스로 더욱 멋있는 학생이 되도록 다짐도 하고, 서로 배려하는 따뜻한 마음도 챙겼으면 한다.

  EBS 방송을 보고 우리에 대해 너무도 쉽게 이야기하는 외부 사람들과 그 모습을 보고 우리 학교 진학을 접으려는 후배들이 있을지도 모른다. 하지만 분명 우리는 여덟 달 동안 조금씩 조금씩 성장했고 지금은 누구보다 자존감도 높고 학교에 대한 자긍심도 높아졌다고 나는 확신한다. 아침 정문에서 가끔 따뜻한 커피나 과자를 쑥스럽게 내미는 너희의 따뜻한 마음을 사랑한다. 그리고 그런 너희를 만나는 것은 다른 누구도 경험할 수 없는 최고의 행복이라고 고백한다. 항상 당당하고 용기 있는 모습으로 스스로 서고, 더불어 살아가는 우리들의 사랑으로 항상 건강하고 행복한 날들이 되기를 바란다. 사랑한다.

축제의 장이 되는
선거가 되기를

홍덕고등학교 제2기 학생자치회 선거가 시작되었습니다. 선거는 흔히 민주주의의 꽃이라고 합니다. 서로 다른 생각이 하나의 광장에 모여 구성원의 선택을 기다리는 것은 설레는 일입니다.

많은 후보자가 등록한 것으로 알고 있습니다. 모두 당선될 수는 없지만, 구성원들의 선택을 받기 위해 노력하는 과정을 통해, 학교 발전을 위한 다양한 공약을 내걸고 구성원들에게 호소하고 설득하는 과정을 통해 홍덕고등학교의 격이 한 단계 업그레이드되기를 기대해봅니다.

우리 학교의 학생자치회는 학교의 당당한 주체로서 학교 운영에 분명한 역할을 갖고 있습니다. 아니 그래야 합니다. 대학에 진학하는 데 필요한 스펙을 쌓기 위해서가 아니라 학생들의 의견을 수렴하고 학부모와 선생님들과 한자리에 모여 홍덕 공동체의 성장을 위해 고민하는 큰 역할을 하여야 합니다. 선생님들이 해야 할 역할이 있고, 학부모의 역할이 있고 또 학생회의 역할이 있습니다.

어설프게 어른들의 선거를 흉내 낼 것이 아니라 학생다운 참신하고 기발한 아이디어로 선거의 전범을 보여주시길 바랍니다.

서로 상처받는 선거가 아니라 치유하는 선거였으면 합니다. 패배하는 선거가 아니라 모두가 승리하는 선거였으면 합니다. 퇴보하는 선거가 아니라 진보하는 선거였으면 합니다. 나눔의 선거가 아니라 통합의 선거였으면 합니다. 그래서 모두에게 축제의 장이었으면 합니다.

입후보 한 모든 친구의 선전을 기대하며 구성원들의 적극적이고 애정 어린 관심을 기대합니다.

누리의 편지

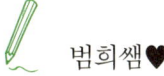 범희쌤🖤

안녕하세요, 선생님! 저는 이제 고3이 되는 누리입니다. 벌써 홍덕고에 들어온 지 3년째가 돼가요! ㅎㅎ 시간이 너무 빨리 지나가는 것 같아서 슬프네요. 내년 이맘쯤이면 전 학교를 떠나겠죠? 으어엉ㅜㅜ 진짜 많이 정들었는데. ㅎㅎ 저는 우리 학교가 너무너무 좋아요! 난 자랑스러운 홍덕인 으허허~~

이렇게 좋은 학교를 만들어주셔서, 제가 고등학교 시절을 행복하게 보낼 수 있게 해주셔서 정말 감사드려요. 2년 동안 지내면서 배운 것도 많았고 그만큼 제가 생각도 많이 바뀌고 조금은 철이 든 것 같아요. ㅎㅎ 아주 쪼끔이요. 헤헷 ^.^

그리고 저희를 향한 교장 선생님과 다른 많은 선생님의 무한한 사랑! 정말 감사하게 생각하고 있어요!! 저희 때문에 많이 힘드실 텐데 죄송

하고 감사하고 사랑해요.♥

 음, 요 인형은 제가 만든 못난이 걱정인형이예요! 혹시, 걱정인형이 뭔지 아세요? 과테말라 인디언들한테서 전해 내려오는 이야기인데요, 걱정이나 힘든 일, 스트레스가 있는 사람이 잠을 잘 때 베게 밑에 걱정인형을 두면 걱정인형이 걱정을 먹어버린대요! 그런데 걱정인형이 웃으면 그 사람의 행복을 먹어버리기 때문에 항상 찌푸리고 있어야 한데요.ㅎㅎ 귀엽죠?ㅎ

 쌤과 저는 페북 친구♥ 요즘 페북 보니까 뭔가 고민, 걱정이 있으신 것 같아서 올해는 걱정 근심보다 항상 기분 좋은 일만 가득하시라고 걱정인형 드려요. 걱정은 걱정인형이 대신할 거니까 쌤은 좋은 생각만 많이 많이 하세요~~.

 이제 신입생들 들어오면 쌤은 또 이름 외우시느라 바쁘시겠네요! 전교생 이름 모두 외우시는 쌤이 최고예요! 짱!!

1학년도 1학년이지만 2학년, 3학년도 예뻐해주셔야 해요! 특히 처음부터 함께한 저희가 최고잖아요~~. 흐흐. 공부에 찌들어 쭈글쭈글 거리는 만큼 선생님의 관심과 사랑이 필요하답니다. ㅎㅎ

우리 선생님들 최고 짱이고요!! 우리 홍덕고가 제일 잘나가♪

그럼 항상 건강하시고요!! 싸랑을 전합니다. ♥♥

누리 드림

가능성 제로에 도전하는
홍덕인을 응원합니다

지난가을에는 프로야구를 보는 재미가 다른 해와 사뭇 달랐습니다. 스포츠의 묘미는 반전에 있고 특히 야구는 9회말 2아웃부터라고 합니다. 하지만 0%의 확률에 도전하는 팀들의 엎치락뒤치락하는 경기는 응원하는 팀을 떠나 재미를 배가시켰습니다.

정규시즌 4위로 준플레이오프에 진출한 두산은 넥센에 먼저 두 게임을 내주고 연속 세 게임을 이겨 플레이오프에 진출하게 됩니다. 역대 두 번밖에 없었던 기적이라네요. 세 경기가 연장전이었고 네 경기는 한 점 차로 승부가 갈린 짜릿한 경기였습니다. 플레이오프는 한국야구의 최대 라이벌인 두산과 LG의 경기였습니다. 준플레이오프에서 매 경기 혈투를 한 두산 선수들의 피로도가 심해 불리할 것이라는 예상이 있었지만, 다소 싱겁게 두산이 한국시리즈에 진출하게 됩니다. 한국시리즈 초반까지만 해도 '미러클' 두산이 삼성을 압도했습니다. 하지만 결국 마지막 벽을 넘지 못하고 5, 6, 7차전을 내주며 역전패하게 되지요. 3:1을 뒤집고 연속 세 경기에서 이겨 우승한 삼성의 기록 또한 0%의 확률에서 우승한 것이라네요. 비록 우승하지는 못했지만 25일간의 포스트시즌 대장정에서 보여준 두산의 0% 도전은 보는 사람들에게 찬란함으로 깊은 감동을 주기에 충분했습니다.

학교란 모름지기 배움이 있는 곳이어야 합니다. 다른 친구들과 비교하는 것이 아니라 지난날의 나와 비교하며 배움을 통해 기쁨과 행복을 경험하는 곳이어야 합니다. 수업시간이 그러해야 하고 방과 후 활동이나 특색사업으로 진행되는 모든 프로그램이 그러해야 합니다. 학교에서 이루어지는 일련의 과정은 학교의 교육목표인 '열정과 공헌력을 지닌 미래의 민주시민'이 되어가는 과정이어야 합니다. 열심히 배워 경쟁력을 갖되 나만을 위해서가 아니라 이웃을 위해 쓸 수 있어야 합니다.

하지만 지금껏 성장해오면서 그런 경험이 부족하지 않았나 싶습니다. 선생님들이 기획하고 진행하는 수학여행은 그저 몸만 의지하고 따라가면 되었으며 그 속에서 '나'는 개별적인 존재의 의미를 찾기가 쉽지 않았습니다. 그저 유희하는 존재였을 뿐이지요. 힘들고 어렵지만 친구들이 머리를 맞대고 여행지부터 교통편, 숙박 장소까지 논의하고 서로 차이를 좁혀가는 과정이 교실에서 배울 수 없는 커다란 배움이라는 것을 여러분이 알게 되었다면 이 프로그램을 갖는 충분한 이유가 되었다 생각합니다. 갈등과 불편함, 실패의 경험 또한 여러분의 성장을 위한 꿈틀거림이었음을 깨달았으리라 확신합니다. 농활에서 할머니, 할아버지들 얼굴 팩 해드리고 염색해드리고 풀 한 포기 뽑아내며 흘린 땀방울의 의미를 가슴에 담았으리라 확신합니다. 농촌과 도시가 만나고 젊음과 노년이 만나 서로 이해하고 함께 살아야 할 이유를 확인했다면 이 프로그램은 계속되어야 할 이유가 충분하지요.

사랑하는 홍덕인 여러분!

우리 홍덕인은 다른 사람과 경쟁하지 않고 지난날의 나와 경쟁합니다. 혼자 앞서 가지 않고 기다리며 함께 갑니다. 집안이 나쁘다고, 머리가 나쁘다고, 몸이 약하다고, 기회가 주어지지 않는다고, 돈이 없다고, 친구가 없다고, 주변에서 도와주지 않는다고 누구를 탓하거나 어쩔 수 없다고 자포자기하지 않습니다. 노력 없이 결과를 기대하지 않습니다. 순간순간 정성을 다해 미래를 준비합니다. 두려움이 크지만 실패를 두려워하지 않고 당당하게 도전합니다. 오늘의 작은 성공을 소중하게 생각하고, 조금씩 성장해가는 미래를 꿈꿉니다. 퇴색된 오랜 고정관념에 도전하며 편견으로 가득 찬 주변의 시선에 아랑곳하지 않습니다. 그것이 홍덕인입니다.

홍덕인 모두가 서로서로 보듬으며 응원합니다. 길이 없으면 찾거나 만들어가는 홍덕인 아리아리~~~

뜻밖의 큰 선물, 아이들의 탄원서

지난주에 뜻하지 않은 큰 선물을 받았습니다.

1학년 몇몇 학생을 중심으로 저의 연임을 위해 서명을 받았고 500여 명의 서명과 더불어 탄원서라는 제목의 글을 받았습니다. 새로운 환경에 대한 막연한 두려움의 표현이었겠지만 그 마음이 얼마나 기특하고 대견하던지요. '아이들의 큰 사랑을 받을 자격이 있는가?' 나를 되돌아보는 좋은 기회로 삼으려고 합니다.

한 줄, 한 줄 읽으며 가슴 짠하고 핑 도는 눈물 숨길 수 없었음을 고백합니다. 내가 아이들을 가르치는 것이 아니라 아이들이 저를 가르칩니다. 하기사 애초 학교는 교사와 학생이 따로 있는 것이 아니라 먼저 깨달은 사람이 교사고 그 상황은 수시로 바뀐다지요. 교사는 가르치는 사람이 아니라 삶을 나누는 사람이라는 말을 다시 새겨봅니다. 아이들보다 먼저 잘 배우는 사람이 되겠습니다. 아이들 삶 속으로 들어가 아이들과 삶을 나누는 교사가 되겠습니다.

탄원서는 교육감님과 장관님 앞으로 되어 있던데 아이들 허락받지 않고 감히 전재합니다.

탄원서 1

안녕하세요.

교육감님 저는 흥덕고등학교에 재학 중인 학생으로 교장 선생님의 전출과 관련하여 청원하기 위해 이 글을 쓰게 되었습니다.

흥덕고등학교는 '참여와 소통을 통한 희망과 신뢰의 배움공동체'라는 모토를 가지고 있습니다. 이에 걸맞게 백두대간 종주 프로젝트, 소논문 작성 프로젝트, 흥덕인의 서재 100권 읽기 프로젝트 등을 통해 학생들에게 다양한 가치관을 만들어주고 인문학, 자연과학, 진로아카데미를 통해 저희의 꿈에 대해 다시 한 번 생각해볼 수 있게 도와줍니다. 또한 1학년은 농촌봉사활동을 통해 반 아이들과의 협동심을 기르고, 2학년 때는 통합기행을 통해 자율성과 자립심을 기를 수 있습니다.

저는 아직 1학년이기에 흥덕고등학교의 모든 것을 체험해보지는 않았습니다. 하지만 농촌봉사활동을 다녀오면서 농촌을 이해하게 되었고, 인문학, 자연과학, 진로아카데미를 통해 공부보다 꿈의 중요성을, 백두대간 종주 프로그램을 통해 노력의 소중함을, 모둠활동과 소논문 작성 프로젝트를 통해 나와 통하지 않는 아이를 이해하고 너와 내가 다르다는 것을 알게 되었습니다. 이렇게 다른 일반적인 고등학교를 진학했더라면 상상도 못 했을 경험을 만들어준 흥덕고등학교가 소중합니다.

이런 흥덕고등학교가 유지되기 위해서는 아직은 교장 선생님이 필요합니다. 이글은 단지 청원서일 뿐입니다. 바뀔 확률이 높지 않다는 것을 알지만 저의 생각을, 아니 흥덕고등학교 학생들의 생각을 알아주시기를 바라기에 이 청원서를 씁니다.

안녕하세요.

존경하는 교육부 장관님 저는 용인 흥덕고등학교 1학년에서 재학 중인 ***입니다. 제가 이렇게 탄원서를 쓰게 된 이유는 저희 학교 이범희 교장 선생님께서 이번 연도로 임기를 마감하시기 때문입니다. 이러한 상황 속에서 저희 흥덕고 학생들의 진심 어린 마음을 담아 교장 선생님의 임기를 늘려주셨으면 하는 마음에 이렇게 탄원서를 쓰게 되었습니다.

저는 흥덕고등학교에 입학해 학교의 진정한 의미와 배움의 가치에 대해 알게 되었습니다. 그래서 이러한 일을 계획하고 주도하시는 교장 선생님께 매우 감사한 마음을 갖고 있습니다. 저희 교장 선생님께서는 매일 아침 저희를 교문 앞에서 맞아주시고 학생 이름을 한 명 한 명 외워 불러주십니다. 이러한 사소한 일 하나하나에 감사한 마음과 친근한 감정을 느끼게 된 교장 선생님을 떠나보낸다는 것이 저희에게는 그저 아쉬울 따름입니다.

더 좋은 분이 오실 수도 있겠지만 지금 현재의 교장 선생님같이 좋은 분을 만나기 힘들 것 같아 임기를 늘려주셨으면 하는 간절한 마음을 전하고자 합니다. 우리가 지난 일 년을 그랬듯이 이제 곧 올라올 후배들도 이러한 교장 선생님의 많은 관심 속에 꿈을 키워나갔으면 하는 바람입니다.

정말로 진심을 다해 작성한 탄원서입니다. 부디 저희 학교 학생들의 바람을 진지하게 생각해 주셨으면 합니다. 감사합니다.

안녕하세요, 교육감님.

저는 흥덕고등학교에 재학 중인 1학년 ***입니다. 제가 이렇게 교육감님께 메일을 보내는 이유는 다름이 아니라 저희 교장 선생님에 대해 부탁드리고 싶은 것이 있기 때문입니다. 저희 흥덕고등학교는 개교 이래로 4년간 혁신학교로서의 기틀을 닦아왔고, 지금도 발전 중입니다. 그리고 올해가 그 기틀을 닦는 데 중심에 서 계신 이범희 교장 선생님의 임기가 끝나는 해입니다. 그래서 저를 비롯한 흥덕고등학교 학생 일동은 교육감님께 교장 선생님의 임기를 연장해 달라는 부탁을 드리려고 합니다.

먼저 저희 학교를 간략하게 소개하겠습니다.

흥덕고등학교는 다른 학교에서는 할 수 없는 것들을 실현해나가고 있습니다. 저희는 수학여행 대신 농촌봉사활동을 다녀옵니다. 아무런 목적 없이 다녀오는, 혹은 형식적으로 가는 무의미한 수학여행과는 참 다릅니다. 한 달에 두 번씩 가는 백두대간은 어떨까요? 학생들로 하여금 일상에서 벗어나 많은 생각을 할 수 있게, 자연을 느낄 수 있게 해줍니다. 일 년에 여러 번 진행되는 각종 아카데미도 단지 종이 위의 공부가 아닌 세상을 바라보는 공부를 할 수 있게 도와줍니다. 그리고 현재 진행 중인 사회적 협동조합 등 다른 어느 학교에서는 거론되기조차 어려운 그런 것들이 흥덕고에서는 아주 활기차게 실현되고 있습니다. 이렇게 학생들이 단지 시험을 위한 공부가 아닌, 앞으로 살아갈 우리 모두의 인생을 위한 공부를 하고 있습니다.

또한 흥덕고등학교는 '참여와 소통을 통한 희망과 신뢰의 배움공동체'로서의 역할을 충실히 해나가고 있습니다. 흥덕고는 학생들이 경쟁자가 아닌, 같이 길을 가는 동반자입니다. 그래서 학교에서의 학습은 개인을 넘어 공동체가 함께 힘을 모아질 높은 배움을 추구합니다. 고3이 되어 입시를 준비하는 한 선배가 그런 말을 했습니다. "고3이 되고 나서 가장 힘든 것은, 입시공부가 아닌, 1학년 때부터 함께 발전해온 그런 동반자 같은 친구들을, 경쟁자로 보려는 욕구를 억제하는 것이었다"

고 말입니다. 이렇게 우리 학교는 모든 학생이 함께 발전해가는 학교입니다. 이런 시스템을 갖춘 학교가 또 어디 있을까요?

마지막으로 이 모든 것의 중심에 서 있는 분, '교문 앞 스토커'로 불리며 전교생의 이름을 모두 외우고, 매일 아침 교문 앞에서 학생들에게 인사를 건네는 네, 교장 선생님이십니다. 중학교에 다닐 때 선생님은 지식을 주는 사람, 그 이상 그 이하도 아니었습니다. 하지만 흥덕고에 오면서 선생님이라는 존재는 믿고 기댈 수 있는 존재, 서로 마음을 나누는 수평적인 사람이 되었습니다. 흥덕고에서 교장 선생님 하면 떠오르는 것은 긴 연설, 지루함, 권위가 아닙니다. 믿음직함, 미소, 깊은 관심과 사랑입니다.

흥덕고 학생은 학교 다니는 게 즐겁습니다. 흥덕고 학생은 교장 선생님을 사랑합니다. 교장 선생님도 흥덕고를 사랑합니다. 교장 선생님에 대한 우리의 사랑을, 우리에 대한 교장 선생님의 사랑을 더 이어나갈 수 있게 도와주십시오.

비록 지금은 혁신학교 자체가 일반화되지 않아 비웃기도 하고 무시하기도 하지만 저희는 잘 알고 있습니다. 이것이 진정한 공부라는 것을 말입니다. 그러기 위해서는 이범희 교장 선생님이 반드시 계셔야 합니다. 흥덕고등학교가 성공적으로 정착하여 올바른 혁신학교의 선례가 될 수 있게 해주십시오. 그래서 혁신학교라는 시스템이 단지 흥덕에서 끝나는 것이 아니라, 점차 많아져 양질의 교육을 누리는 학생이 많아지게 해주십시오.

그러기 위해서, 흥덕고에는 이범희 교장 선생님이 필요합니다.

첫 앨범을
축하하며

마무리 공사가 한창인 학교에 들어와 신설학교가 갖추어야 할 이런저런 것을 준비하고 너희를 처음 만난 것은 그 분주함이 채 가시지 않은 쌀쌀한 봄날 아침이었다. 예쁘게 목걸이 명찰을 만들어 첫 만남을 기다리는 내내 왜 그리도 초조하던지. 어떤 얼굴에 어떤 표정으로 나타날까? 설레는 마음의 선생님들 앞에 겸연쩍게 다가와 서툴게 첫인사를 나누는 너희 모습은 내게는 분명 새로운 도전의 시작이었다.

지금까지 교사의 이름으로 살아오면서 경험하지 못했던 또 다른 길을 요구했고 결연한 의지와 결기가 필요했다. 세세히 준비하지 못한 선생님들을 원망이라도 하듯 자유와 방종의 경계를 손쉽게 넘나들기도 했고 수업시간과 쉬는 시간의 구분도 모호하게 만들기도 했다. 때로 으박지르기도 하고 또 때로는 눈물로 호소하는 것이 필요했지만 그럴수록 선생님들은 너희를 더 많이 더 깊이 있게 만나려고 노력했지. 지금까지 스스로 학습하고 무엇을 해본 경험이 부족했던 너희에게는 오히려 강력한 통제와 타율적인 학습이 손쉬웠을지 모르지만 다가올 세상에서는 스스로 성장하는 사람만이 성공할 수 있다는 확신으로 기다리고 또 기다리며 너희를 만났던 것 같아.

아침이면 빠지지 않고 정문에 나가 너희를 맞이하고 사진첩을 꺼내 이름을 하나하나 외우며 늘 내 마음속 그 어떤 것보다 크게 자리 잡기를 기도했다. 어느 시인의 말처럼 너희의 이름을 부르면 영락없이 내게 꽃으로 다가오는 신비로운 경험을 했지. 해외 출장으로 오래 학교를 비우다가 돌아와 손전화를 열면 너희의 문자메시지가 우수수 쏟아졌지.

"무슨 출장이 그리 많아요. 내일은 꼭 나오셔야 해요."

"핀란드에는 자작나무가 아름답데요. 많이 보고 에너지 충전해 돌아오세요."

내가 그렇듯 너희 가슴에도 내가 비집고 들어갈 자리 있었던 듯싶어 많이 흐뭇했지. 추운 겨울날 "추운데 저희를 기다려주셔서 감사하다"며 손수 뜬 목도리를 내밀던 친구, 힘들고 어려운 일을 삼켜버리는 걱정인형을 직접 만들어 건네며 건강을 염려해준 친구 등 모두가 내게는 살아있는 천사 그 자체였다. 내가, 선생님들이 돌보는 것이 아니라 돌봄을 받고 치유가 되는 느낌이었다.

우리는 전국에서 처음으로 수차례의 토론과 공청회, 설문조사 등을 거쳐 우리 손으로 학교규정을 만들었고, 스스로 계획을 세워 가고 싶은 곳으로 통합기행을 다녀왔으며, 농촌봉사활동을 비롯해 여러 기관에 꾸준히 봉사활동을 다니며 이웃과 더불어 살아가는 참된 정신을 배웠다. 축제와 체육대회를 비롯해 여러 행사를 스스로 기획해 진행해보기도 했고, 여러 아카데미를 통해 수업에서 다루지 못한 다양한 분야의 내용을 접하여 지적 호기심을 자극하기도 했다. 광교산과 지리산을 수없이 오르며 자신을 돌아보고 호연지기를 기르기도 했다.

흔들리지 않고 피는 꽃 없고, 젖지 않고 피는 꽃 없다고 했다. 흔들리며 줄기를 곧게 세웠다고 했다. 흥덕에서 보낸 학창시절이 너희 삶의 줄기를 곧게 세우는 그런 시기였다고 믿는다. 참여와 소통, 존중과 배려, 배움과 성장의 가치로 겸손하지만 비굴하지 않고 당당하지만 만용을 부리지 않는 호기로운 모습으로 세상을 향해 뚜벅뚜벅 걸어가리라 믿는다.

오늘을 사는 그 누구도 완성의 종점은 없다. 완성의 종점 없이 갇힘을 거부하고 쉼 없이 새로움을 찾아 흘러가는 물줄기처럼 살기 바란다. 또 다른 새로움을 시작하려는 너희의 힘찬 발걸음에 아낌없는 박수를 보내며, 함께여서 많이 행복했음을 고백하며!!!!

내일이면 돌아올
너희를 기다리며

습관처럼 오늘도 교문 앞을 서성이며 하루를 시작했단다.

밝게 웃음 지으며 교문을 들어서던 너희 모습 보이지 않으니 허전한 느낌 지을 수 없더구나. 심호흡 크게 하고 돌아서는데 오늘따라 울타리 옆 소나무의 그 푸르름이 더욱 짙푸르구나. 개교하고 오늘까지 늘 그 자리에서 그렇게 푸르게 지켜왔을 소나무, 푸름의 선연함에 오히려 가슴이 싸하다. 오늘은 텅 빈 학교에서 늘 함께 있어 그 소중함을 놓치고 지냈던 너희와 만나온 지난 한 학기의 내 모습을 되돌아보는 소중한 시간을 가졌단다.

첫만남이던 입학식 날 교문에서 이름표를 목에 걸어주던 순간부터 하루하루, 순간순간을 천당에서 지옥을 오가는 마음고생도 컸지만 그만큼 내가 성장한 시간이었던 것 같다. 교육은 햇살에, 바람에 곡식이 익듯 그렇게 천천히 오는 것이라는, 그래서 결코 서둘러서는 안 된다는 것을, 교육은 가르치는 것이 아니라 함께 성장하는 것임을 다시금 가슴에 담아본다. 안타까움과 야속함, 때로 화낼 수밖에 없는 순간도 있었지만 사랑의 또 다른 표현이었음을 이해해 주렴.

내 사랑 홍덕고 친구들아!

통합기행을 떠나기 며칠 전부터 장마가 시작돼 제법 많은 비가 올 것이라는 일기예보에 내내 마음이 쓰였는데 다행스럽게도 비는 오지 않는구나. 그런데 얼마나 후덥지근한지 아마 지리산 팀이나 갯벌 체험하는 친구들은 밖에서 큰 고생 하겠다 싶다. 이렇게 더운 여름날도 아침, 저녁으로 선선한 바람 불어오면 어느새 가을일 테고, 빨갛고 노란 예쁜 나뭇잎들과 푸른 하늘, 열린 창문으로 불어오는 상큼한 바람의 아름다움도 성큼성큼 다가오는 겨울이란 놈 앞에 자리를 비워주게 되는 것이 자연의 이치가 아닌가 싶구나. 내년 봄에 더 많은 꽃과 열매를 맺으려면 잎을 떨구고 춥고 혹독한 겨울을 이겨내야지 싶다. 단단히 마음을 다잡는 것은 두말할 필요도 없겠지?

나의 꿈, 나의 희망, 홍덕고 친구들아!

너희도 봄에 많은 꽃과 열매를 얻기 위해 당장의 고통을 감수하는 나무들처럼 잘라낼 건 잘라내고 버릴 건 버리면서 내일을 준비하는 것은 어떻겠니? 부디 그렇게 야무진 마음으로, 더욱 풍성한 봄을 준비하는 마음으로 생활하면 좋겠구나. 아마도 이번 통합기행이 잎을 떨구고 춥고 혹독한 겨울을 이겨내며 봄을 준비하는 또 하나의 과정이 아닐까 싶다. 먹고 놀고 즐기는 것이 아니라 피곤으로 온몸이 뻣뻣해져도 노고단 정상을 향해 한 발 한 발 내딛으며 지금껏 살아온 모습을 돌아보고 다가올 내일을 준비하는 새로운 결심을 다짐하는, 그래서 많이 고민하고 많이 대화하고 더 많이 마음을 나누는 시간이 되면 좋겠구나.

착한 마음으로 살면서도 나약하지 않고, 가난한 마음으로 살면서도 궁핍하지 않고, 날카로운 이성으로 생각할줄 알면서도 따뜻한 마음을 잃지 않기를 다짐하는 시간이었으면, 어떤 일이든 최선을 다해 열심히 하면서도 결코 자만하거나 오만하지 않는 그런 사람이 될 수 있도록 매일매일 우리 스스로 아끼고, 존중하고, 끊임없이 가꾸어 가기를 다짐하는 시간이었으면 좋겠구나.

통합기행을 준비하면서 다툼도 있었고, 크고 작은 갈등도 있었고, 상처도 받았으리라 생각한다. 하지만 힘들고 어려운 일을 함께 극복하고 나면 더불어 살아가는 참된 공동체 정신을 몸과 마음으로 가득 품게 되지 않을까?

이제 내일이면 돌아오는구나. 힘들고 지친 모습으로 돌아오겠지만 나는 그것이 새로운 희망을 만들어가는 소중한 또 다른 모습임을 확신한다. 성장 동기가 충만한 학생, 자기주동성을 가지고 열정적으로 생활하는 학생이 홍덕고가 지향하는 학생의 모습이란다. 짧은 3일간이지만 그렇게 성장한 모습으로 다시 만나기를 소망한다. 항상 당당하고 자신 있는 모습으로 스스로 서고 더불어 살아가는 우리의 사랑으로 '참여와 소통으로 희망과 신뢰의 배움공동체'를 만들어가자.

너희를 진심으로 사랑하는 이샘이.

모두가 자기의 트랙에서
결승 테이프를 끊기를

'참여와 소통을 통한 희망과 신뢰의 배움공동체'인 흥덕고등학교에 입학한 신입생 여러분을 모든 교직원과 더불어 뜨거운 마음으로 환영합니다.

우리 흥덕고등학교는 이제 불과 2년의 역사밖에 되지 않았지만 오랫동안 누적되어온 왜곡된 학교의 모습을 극복하는 과정에서 따가운 눈총과 편견을 이겨내고 학생과 학부모와 교사가 함께 새로운 학교문화를 만들어내는 자랑스러운 시간을 보냈습니다. 이제 1학년부터 3학년까지 전 학년이 채워졌으므로 올해부터 우리의 자랑스러운 새로운 학교문화 만들기의 여정은 더욱 탄력을 받으리라 생각합니다. 그 중심에 2, 3학년 선배들과 함께 바로 여러분이 있습니다.

사랑하는 신입생 그리고 재학생 여러분!

저는 요즘 새 학기를 준비하면서 함께 꾸는 꿈을 현실로 만들어가는 행복한 학교에 대한 상상으로 설렘에 젖어 있습니다. 어떤 학교가 좋은 학교, 행복한 학교일까요? 실험이나 토론 수업을 마무리 짓느라 점심시간을 놓치기도 하고, 서로 가르치고 배우며 협력의 과정으로 성장하는 초롱초롱한 눈빛의 학생들, 늦은 밤 도서관에서는 환한 불을 밝히며 공부하고 또 다른 한쪽에서는 각자의 특기와 적성에 따른 동아리 활동이 활발하게 진행되는 학교, 학생자치회 학생들은 학교의 현안을 해결하기 위해 늦은 시간까지 진지하게 토론하며 선생님들과 학부모들은 몸으로 실천으로 배우고 성장하는 모습을 보여주시기 위해 고민하고 노력하는 학교. 이런 모습은 이미 우리 학교에서는 일상이라고 저는 확신합니다.

사랑하는 신입생 그리고 재학생 여러분!

자연의 아름다움은 모두 곡선에서 나옵니다. 곡선의 여정에서 보고 듣고 느끼고 깨달은 궤적이 성취감을 더욱 크게 해주지요. 그러나 불행은 곡선을 직선으로 만들려는 데서 옵니다. 직선은 효율과 속도를 중시합니다. 주변을 살피지 않습니다. 빨리 갈 수 있지만 행복하지 않습니다.

지금까지 우리는 명문대와 대기업을 향해 '직선'으로만 달려왔습니다. 그러나 그렇게 해서는 2등은 물론이고 1등도 행복하지 않습니다. 돌아가는 곡선의 삶을 살더라도 내가 좋아하고 잘하는 일을 찾아 해야 행복합니다. 숨겨진 재능에 재미가 붙어 몰입하게 되면 행복해지고, 이 재능이 후에 기능이 되고, 더 나아가 예능으로 발전하게 될 테지요.

같은 방향으로 달려야 하는 좁은 골목에서는 오직 선두에 선 자만이 우승자가 되며, 금·은·동 메달리스트만이 승리자의 시상대에 설 수 있습니다. 동서남북 네 방향으로 달리기를 하면 우승자는 네 명뿐입니다. 하지만 360명이 360도의 각기 다른 방향으로 달리면 360명 모두가 일등이 될 수 있습니다. 하늘처럼 열린 공간에서는 모두가 각자 원하는 방향으로 날 수 있습니다. 그것이야말로 '넘버 원'이 아니라 '온리 원'의 독창성을 확증하는 경주입니다.

쉽지 않습니다. 힘들고 어렵습니다. 지금까지의 습관으로, 주변의 편견으로 때로 좌절하기도 하고 절망하기도 합니다. 옆에 있는 사람의 삶을 기웃거리며 나와 비교해 보면 더욱 그렇습니다. 나보다 쉬워 보이고 고생도 덜 하는 것 같고 나보다 더 잘되는 것 같습니다. 조건이 괜찮아 보이기도 합니다. 속상하기도 하고, 화가 나고 짜증이 나기도 합니다. 그렇게 비교하기 시작하니 고통은 끝이 없습니다.

하지만 내 인생의 트랙을 달리는 선수는 나 하나임을 가슴에 새기기 바랍니다. 개인마다 사정이 다릅니다. 몸과 마음의 조건이 다르고 타고난 소질과 적성도 다릅니다. 환경의 조건이 다릅니다. 옆 사람과 비교하지 말고 자신의 앞과 뒤를 살피며 끊임없이 성찰하기 바랍니다. 하고 싶은 것과 해야 하는 것 사이에서 조화를 이루려는 노력을 통해 한 계단, 한 계단 그렇게 앞으로 나가기 바랍니다. 서로 헤아리고 살피는 따뜻한 마음을 가지고 자기의 트랙에서 끝까지 최선을 다해 달리기 바랍니다. 그래서 이 자리에 있는 모두가 자기의 트랙에서 결승 테이프를 끊기를, 또 다른 부모인 우리 학교의 모든 선생님이 여러분을 응원하겠습니다.

다시 한 번 '참여와 소통을 통한 희망과 신뢰의 배움공동체' 홍덕고등학교의 새로운 가족이 된 여러분을 진심으로 환영합니다. 고맙습니다.

힘찬 새 출발을
축하하며

이른 아침 출근해 눈 덮인 교정을 내려다보니 꼭 3년 전 마무리 공사가 한창인 학교에 들어와 너희를 만날 준비하던 때가 떠오르는구나. 어디 앉을 자리 하나 마뜩하지 않던 곳에서 교육과정을 짜고 생활지도를 고민하며 우리 교육에 새로운 이정표를 쓸 새로운 학교에 대한 부푼 꿈을 키웠었지.

가슴 설레며 너희를 처음 맞이하던 날, 어찌 보면 기대보다는 두려움이 더 컸는지도 몰라. 지금까지 살아오며 받아온 이런저런 감정의 찌꺼기를 발산하는 너희를 감당하기에는 교사로서의 내 그릇이 형편없이 작았는지도 몰라. 안타깝기도 하고 야속하기도 하고 원망스럽기 하고 하루에도 몇 번씩 천당과 지옥을 오갔지. 그래도 지금은 꽃이 아니어도 좋다고, 오는 봄 풀뿌리 적셔준다면 지금은 결코 꽃이 아니어도 좋다고 스스로 채근하며 너희를 만나왔지.

운동장을 뛰고, 지리산을 함께 오르며, 다양한 아카데미와 통합기행과 농촌봉사활동을 소화하면서 너희는 자유로이 묻고 자유로이 답하며 의문 속에 창조되는 진리를 깨닫고, 무엇이 너희의 삶을 자유롭고 활기차게 하는지, 또 무엇이 움츠러들게 하는지를 깨달으며 성장하지 않았을까?

살아가는 하루하루가 단순하고 재미없을지라도 좀 더 창조적으로 보낼 방법을 생각하지 않았을까? 어느 학교로 진학하고 아니면 한두 해 잠시 그 길을 유보하거나 또 다른 꿈을 가지고 사회에 진출하더라도 무엇이 되느냐보다 무엇을 위해 어떻게 살아가느냐가 중요하다는 것을 여기 흥덕에서 배우고 느끼지 않았을까?

각자 서 있는 자리에서 병든 현실과 싸워 더불어 살아가는 진실을 확인하는 사람들이 있기에 이 세상은 희망이 있고 살만한 가치가 있는 거라고 배웠으며 그렇게 살아야지 다짐하게 되지 않았을까?

참된 진실인가, 그렇지 않은가는 그것이 어느 특정한 개인이나 집단을 위해서가 아니라 사회 모두를 위한 것일 때 우리가 선택해야 할 진실임을 여기 흥덕에서 체득하지 않았을까?

또한 주체적으로 선택한 그런 진실은 반드시 실현해야 하고, 진실에 대한 애정 없이는 지식의 탐구에 열중할 수 없고, 정의를 위한 용기 없이는 사회적 책임을 다할 수 없다는 믿음 또한 여기 흥덕에서 깨닫지 않았을까?

그렇게들 살아 먼 훗날 삶의 어느 모퉁이에서 만날 때, 아니 가끔 찾아와 더불어 살아가는 세상을 위해 애쓰는 젊디젊은 너희의 꿈과 고뇌를 이야기해 주렴. 그저 하루하루 편안함과 자기 합리화에 길들어가며

의식 없이 무뎌져 살아가는 내게 사람에 대한 사랑과 믿음만이 우리가 꿈꾸는 세상을 만들어갈 수 있다고 몸으로 가르쳐 주렴. 그때쯤이면 껍데기는 불사르고 알맹이만 남아 너희가 아닌 또 다른 아이들 앞에 조금은 덜 부끄러운 교사로 살아갈 수 있지 않을까?

나의 꿈, 나의 사랑, 홍덕의 아이들아!

배우고 성장하는 과정에서 한 아이도 포기하지 않겠다는 부질없는 욕심으로, 언뜻 생각 없이 내뱉은 부질없는 언어의 편린들로 너희 마음에 깊은 칼침을 그어 놓은 것은 아닌지 모르겠구나. 교육에서 마지막 방법은 포기라고, 무관심이야말로 가장 무서운 폭력일 수도 있다고 애써 나의 행위를 정당화하며 저지른 죄악들, 그때는 진실이었고 최선이었다고 생각했던 모든 사실이 이제 와서 생각해보면 어리석음은 아닌지, 우리가 극복하고자 했던 부끄러운 교사에 덧보태 가르치기보다 그르치기를 하지는 않았는지 되돌아보게 된다.

빨리 어른이 되고 싶다고, 시험 없는 세상에서 살고 싶다고 하는 너희 눈에 썩 어른으로 보일 나도 순간순간 자기모순과 치열하게 싸우기도 하고 하루에도 몇 번씩 양심과 신념을 시험당하며 사소한 것에도 상처받아 괴로워하기도 한단다. 그래, 애꿎은 화풀이도 있었을 테고 내 욕심과 자존심, 허영심의 대리만족을 얻기 위해 터무니없이 몰아대고 강요했던 부분도 분명 있었을 거다. 사랑이란 이름으로 욕심부리고 너희의 일생을 통제하는 무소불위의 능력이라도 가진 양 너희의 모든 것을 장악하려 들 때도 있었을 거다.

그러나, 그러나 다행인 것은 그것이 얼마나 부질없고 불필요한 수고이며 건강치 못한 애정인가를 이렇게 불쑥 커버린 너희 앞에 서니 깨달게 된다는 사실이다. 성장해가는 너희 몫의 사랑과 외로움과 희망 그리고 스스로 부딪혀 깨지며 얻어야 할 것들을 빼앗을 권리는 그 누구에게도 없다는 사실을 깨달았다. 비록 그것이 괴롭고 힘들더라도 뚫고 나가며 올곧게 서야 하는 것은 너희의 몫이며 내가 할 일은 사랑과 이해, 아낌으로 그저 지켜봐 주는 것임을 다시 한 번 깨닫고 있단다.

나의 꿈, 나의 사랑, 자랑스러운 홍덕의 아이들아!

무엇보다 각자가 얼마나 소중한 존재인가를 아는 자기 존중감을 갖고 한껏 자라거라. 자신에 대한 사랑과 존중 없이는 다른 사람을 건강하게 사랑할 수 없을 테니 다른 사람과 경쟁하는 법을 배우기 전에 자신의 지난날과 치열하게 경쟁하는 법을 배우거라. 싸워 이기거라. 그리고 세상 앞에 당당하게 우뚝 서거라.

내 사랑, 홍덕의 아이들아!

서로 기억하지 못할 미래를 두려워하지 말자. 우리가 함께 나눈 시간에 뿌린 씨앗이 너희와 내가 살아가는 동안에 꽃 피고 열매 맺을 수 있다면 그건 기억보다 소중한 서로의 사랑일 테니까.

생각대로 일이 잘 풀리지 않을 때, 아무리 노력해도 뜻대로 되지 않을 때, 무엇을 어떻게 해야 좋을지 모를 때, 너무 힘이 들어 한 발자국도 꼼짝할 수 없을 때, 거대한 벽 앞에 서 있다고 느낄 때, 천 길 낭떠러지 끝에 서 있는 것 같을 때, 주저앉고 싶고 누군가의 손을 잡고 싶고 다시 새롭게 도전하고 싶을 때, 그때 조용히 눈을 감고 지난 3년 홍덕의 이름으로 함께했던 시간을 떠올려 보렴. 아픈 상처 서로 보듬고, 흐르는 눈물 닦아주며 서로의 손 잡고 일어났던 기억 되살려 보렴.

무엇이 두렵고, 무엇인들 해내지 못하겠니? 지난 3년 그렇게 너희 곁에 있었듯 너희 살아가는 그 날에 그렇게 늘 함께하마.

추운 겨울 가고, 교정 곳곳 봄 향기 그득한 날 아침 교문을 서성일 때 저만치 벚꽃보다 더 환한 웃음 머금은 너희 모습 보일 테고, 큰 소리로 재잘거리며 복도를 지나다 투명한 유리 너머 꾸벅 인사하고 지나쳐가는 모습 한동안 보이겠지. 그렇게 내 가슴 깊은 곳에 묵직함으로 남아 있는 너희와의 만남은 그 자체만으로도 늘 새로움이었고 경이로움 이었음을 솔직히 고백하마.

사람이 그리워야 사람이고 그리워지는 사람이어야 사람이라고 했다. 그런 사람으로 살아가자. 사랑한다.

30시간 2학점 원격연수

난 어떤 교사로 기억될 것인가?

참여와 소통으로
행복한 교사되기

참여소통 선배 교사들의 선경험을 통한 노하우를 후배 교사들과 나누는 과정에서
자신만의 교육철학, 학습, 수업운영을 만들어 나갈 수 있을 것입니다.

강의 참여소통교육모임

고남숙 / 김연일 / 김용훈 / 박경화 / 윤성관 / 이범희 / 조두형 / 최성우

http://chamtong.org

 참여소통교육모임과 함께 만들었습니다.

30시간 2학점 원격연수

디지털 세대 아이들과
소통을 원하시나요?

통하는 교사를 위한

포인트 ICT

아이들의 참여와 소통을 유도할 뿐만 아니라 교사의 행정업무를 효율적으로 할 수 있습니다.
기능의 습득보다는 현장의 활용성에 중점을 두고 구체적인 실습방법을 함께 제시합니다.

통하는 학급 만들기
01. 아이들과 첫 만남, PPT로 인사하세요
02. 엑셀을 활용해 체크리스트와 학급명렬표 만들기
03. 아이들이 참여하는 학급운영 3종 세트
04. 우리 반만의 색깔 있는 학부모총회 자료 만들기
05. 학기초 학급일꾼 꾸리기 (학급자치회)
06. 우리반 이야기로 교실 꾸미기
07. 나도 할 수 있는 학급신문
08. 느낌 있는 동영상으로 아이들과 마음나누기
09. 학급 홈페이지로 아이들과 소통하기
10. 퍼블리셔로 나만의 명함, 엽서, 달력 만들기

통하는 수업 만들기
11. 플래시 자료로 수업에 활력 넣기
12. 이미지 사운드 학습사전
13. 수업공개, 이렇게 준비 해보세요 Ⅰ
14. 수업공개, 이렇게 준비 해보세요 Ⅱ
15. 아이들에게서 찾는 수업자료 (전자기기)
16. 아이들에게서 찾는 수업자료 (수행과제물)
17. 웹북을 이용해 아이들과 참여수업하기

통하는 평가, 지도하기
18. 수행평가와 감동있는 피드백
19. NEIS에 학생사진 쉽게 올리기
20. NEIS에 특별활동상황 입력하기
21. 엑셀 함수를 활용한 성적분석과 수행평가 환산
22. SCC로 형성평가 만들기
23. 다양한 진로진학지도 시도해보기
24. 이미지로 꿈꿔보는 학생의 미래직업

통하는 자료 활용하기
25. UCC 다운받고 활용하기
26. UCC 변환하고 편집하기
27. 컴퓨터로 재생되는 소리 녹음하기 (Audacity)
28. 동영상에서 사운드만 저장하기 (AOA Audio Extractor)
29. USB 메모리가 필요 없는 무료 웹저장공간 활용하기

통하는 추억 남기기
30. 우리들의 추억 학급앨범으로 담아내기

강의 참여소통교육모임
김대현 / 송윤희 / 최성우 / 윤성관
http://chamtong.org

참여소통교육모임과 함께 만들었습니다.